## Serge Monast
présente

# LE CORPS MYSTIQUE DE L'ANTÉCHRIST

*« Il est inspiré non par l'esprit du Christ, mais par l'esprit du serpent. C'est le nouvel élu, le corps mystique de l'Antéchrist. »*

Mgr. Fulton Sheen

écrit par
## René Bergeron

2019
the Savoisien & Baglis

# RENÉ BERGERON
Conférencier de l'École Sociale Populaire
**Montréal**

avec l'aimable permission des Editions FIDES
*(situées à Montréal, Québec)*
chez Ginette et Daniel Beaucaire
à Saint-Félix de Valois. Province de Québec
Mai 1993

Dépôt Légal
Bibliothèque Nationale du Québec à Montréal
Bibliothèque Nationale du Canada à Ottawa

Serge MONAST (merci)
**LA PRESSE LIBRE NORD-AMERICAINE**
c.p.676, succ. "A", Montréal
Québec, H3C 2T8

Première édition numérique 23 Janvier 2008
*the Savoisien & Lenculus*

Tous droits de traduction et de reproduction réservés pour tous les pays.

*Exegi monumentum ære perennius*
Un Serviteur Inutile, parmi les autres

REMERCIEMENT
À NENKI
pour son immense travail et son abnégation
MISE EN PAGE
17 juillet 2019
LENCULUS †(2016) & BAGLIS
*in memoriam*
Pour la Librairie Excommuniée Numérique des CUrieux de Lire les USuels

# CONSCIENCE OU DÉFI ?

Qu'est-ce qui est le plus dangereux au juste : Écrire, et publier des faits nouveaux que personne n'ose identifier clairement ; que personne n'ose nommer tout haut, interdits par de hauts dirigeants, ou bien faire surgir de l'oubli des écrits qui avaient été enterrés par un certain pouvoir, et les rendre ainsi accessibles à tous alors que de hauts personnages de ce même pouvoir dans l'ombre, ainsi que leurs héritiers, les avaient pourtant désirés disparus à tout jamais ?

En sortant de la poussière *"le corps mystique de l'antéchrist"*, j'ai, par conséquent, choisi la deuxième option : non pas par goût du risque ou du défi, mais bien plutôt par conscience, et dans le but de perpétuer une mémoire historique pour éviter que celle-ci ne meurt ! En outre, je trouvais indécent de laisser mourir une Œuvre majeure pour laquelle un homme, à un moment donné de son existence, avait consacré une partie de sa sueur, et avait délibérément mis sa vie en danger pour faire éclater, chez ses contemporains, une réalité qui était interdite. Car c'est bien cela qu'à fait René BERGERON, dans les années 1940 ; lui qui est mort d'une manière presque totalement anonyme en 1971. Effacé, mais conscient jusqu'au bout de ce qui menaçait le bien être de ses contemporains et des générations futures ; malgré, mais surtout envers et contre l'orientation d'une grande partie de l'humanité entre les années 1935-1945, et ne craignant aucunement pour sa vie, celui-ci a osé l'impensable, l'insoupçonnable, c'est-à-dire, faire de longues et laborieuses recherches, compiler et écrire, et enfin, faire publier en un volume, un " CONTENU " qui aujourd'hui, se révèle être les sources, les origines dans le temps de ce qui est convenu d'appeler La Conspiration de l'Age du Verseau.

Si René Bergeron avait vécu, à son époque (1940), en Allemagne, en Italie, ou au Japon, il aurait été froidement éliminé, anonymement, et son Œuvre majeure *"Le Corps Mystique de l'Antéchrist"*, détruite à tout jamais. Si par contre, il avait vécu à notre époque, mais en Chine, en Amérique Centrale ou du Sud sous une Dictature, ou ailleurs, dans un contexte semblable, là aussi les autorités l'auraient fait disparaître, et son Œuvre ne nous serait probablement jamais parvenue.

Au Canada, au Québec, il ne fut pas éliminé, mais plutôt passé sous silence, et son Œuvre, réduite maintenant au chiffre approximatif d'une douzaine d'exemplaires au papier jauni, fut maintenue sous la poussière de quelque rayon de bibliothèque rarement consulté. Ces pratiques assez répandues pour des Œuvres dérangeantes s'appellent, se nomment ici : "Démocratie" !

En fouillant comme il l'a fait, et sans subvention aucune, les dessous du Communisme — sa manière de penser et d'être —, la Franc-Maçonnerie — ses significations cachées —, et le Nazisme ou Néo-Paganisme — base idéologique actuelle de la Conspiration de l'Age du Verseau —, René Bergeron nous a ainsi livré une somme inestimable de données historiques qui représentent, une véritable pierre d'achoppement, pour en arriver à bien comprendre toute la perversité de ce que sera le Gouvernement et la vie sociale sous le règne dictatorial de l'Antéchrist.

Qui veut savoir, saura ; mais qui veut ignorer, niera toutes les évidences qui lui seront apportées, fussent-elles des preuves indubitables !

Serge Monast<br>
Montréal, 7 mai 1993

# L'AVENIR APPARTIENDRA À CEUX QUI ACCEPTERONT D'OUVRIR LES YEUX

# INTRODUCTION

## SERGE MONAST

Serge Monast est Directeur Exécutif de la Presse Libre Nord-Américaine, Agence de Presse Internationale spécialisée dans le Journalisme d'Enquête, et de la Maison d'Édition portant le même nom.

Dans le passé, il fut Directeur de Revue, Éditorialiste et Reporter Syndical. Dans ce dernier cas, il fut responsable, dans les années 70, des Affaires du Syndicalisme au Québec pour le compte de la Revue *Point de Mire*. Il fut un des Chercheurs en Sociologie Familiale qui permit, la rédaction et la publication, en 1974-75, par l'Éditeur Officiel du Québec, du volume : *La Famille, Mythe et Réalité au Québec*.

Par la suite, vers 1974-75, dans les Cantons, de l'Est, il fonda et dirigea la Maison d'Édition : Les Éditions de l'Aube.

Il fut aussi Professeur, au Secondaire, de Sciences Pures (Physique et Chimie) pour la Commission des Écoles Catholiques de Montréal, entre autre, et Professeur en Service Social pour le compte de l'Université de Sherbrooke en 1980.

René Bergeron

Serge Monast est Lauréat de Quarante-neuf Prix Littéraires Internationaux, dont trois Médailles d'Or, une Palme d'Or et le Grade de Chevalier, sans compter aussi le Prix France-Canada et Guillaume Appolinaire pour des *Œuvres en Poésie*, Essais, Roman.

Il a publié au moins 16 volumes à date ; a donné une série de Conférences dans plusieurs Collèges et à l'Université Bishop de Lennoxville entre 1975-78.

Serge Monast est Membre du Comité Canadien pour la Protection des Droits des Journalistes.

# PROLOGUE

### LE PLAN INFERNAL

Pour bien comprendre l'horrible fin des doctrines subversives, cessons momentanément de fouiller les manuels d'économie politique et de sociologie dont une lecture trop exclusive nous empêcherait de voir autre chose. Déchirons le voile qui cache l'arrière-scène où se joue le véritable drame, et nous constaterons sans peine que c'est à un drame mystique que nous assistons.

L'acteur principal de la coulisse, celui qui souffle, inspire, dirige et soutient le tas de marionnettes dont il sera question dans la suite, c'est le démon.

On ne dira toujours pas que c'est la nature qui incite des hommes à chercher le malheur de leurs semblables et la ruine de leur patrie ?...

Ce n'est pas non plus par eux-mêmes que des hommes, créés pour la vérité, se sont donné pour mission d'arracher aux âmes humaines les notions les plus élémentaires de la logique et du bon sens.

Comment peuvent-ils se repaître des erreurs les plus grossières et trouver du contentement à combattre ce qu'ils avouent être des vérités, s'ils sont libres et normaux ?

Est-ce dans leurs aspirations normales qu'ils ont trouvé le principe de toutes les aberrations morales et intellectuelles ?

Chercherons-nous encore d'où viennent ces systèmes si savamment étudiés et si atrocement appliqués de faire le mal et d'en maintenir les effets ?

Nier que ce soit là les résultats d'une cause essentiellement malfaisante, c'est déjà avouer une complicité inquiétante. C'est précisément par cet artifice accoutumé que le démon, pour atteindre son but, veut faire croire aux naïfs qu'il n'est pour rien dans les œuvres de mort. Le silence' et la nuit sont au service de l'esprit des ténèbres.

Même quand il est monté sur son trône de boue, de sang, de fumée et de deuil, il exige encore le tribut de l'aveuglement. Il préfère n'être pas découvert, et son grand triomphe est de faire tout le mal qu'il peut sans être reconnu.

Il ne demande pas mieux qu'une explication du communisme, de la Franc-Maçonnerie et du nazisme par une sujétion diabolique soit considérée comme une croyance naïve.

Il se félicite d'avoir assis dans l'inaction un tas d'honnêtes gens qui croient justifier leur indifférence avec des balbutiements comme ceux-ci : Tout va bien, le mal n'est pas si répandu, le danger est encore loin, les catholiques sont nombreux, notre monde est bien disposé, il ne sera jamais gâté par les idées, etc.

L'Espagne aussi a cru les mêmes choses ; et c'est à cause de l'aveuglement de ceux qui devaient voir pour diriger, qu'elle a passé 31 mois sous la dent vorace de l'ours infernal.

Avons-nous le droit d'oublier que le démon est dans un état total et immuable de mal ? Il s'y est précipité en se détournant du souverain Bien dont il était la plus belle image. Et lorsqu'il pense que des êtres moins parfaits que lui sont invités à occuper le trône de gloire qu'il a abdiqué, on comprend qu'il soit emporté par une rage sans cesse grandissante contre les humains. Il éprouve une joie sauvage à les détourner de leur fin comme il s'est lui-même détourné de la sienne. Il voudrait que son éternel désespoir fût au moins le partage de ses inférieurs par nature.

Il va sans dire que cette criminelle jalousie est ininterrompue, immortelle, comme l'oppression qui l'écrase. Et comme son état de haine et de rébellion lui vient de son insoumission et de l'abus criminel de sa liberté, il est logique qu'il veuille voir les hommes s'engager dans les mêmes voies de malheur.

Aussi suggère-t-il aux humains de se préférer à leurs supérieurs et de chercher en eux-mêmes leur propre autorité et leur complaisance. Lorsqu'il leur aura inspiré l'admiration désordonnée de leur propre excellence, il obtiendra vite qu'ils rejettent la soumission qu'ils doivent à Dieu, et qu'ils se constituent eux-mêmes leur propre fin. En d'autres termes, il leur fera commettre son péché d'orgueil.

C'est bien ce qu'il a obtenu, en particulier, de ce haut maçon qui s'écriait ; *"L'esprit Tati nous anime est un esprit éternel... Il n'y a qu'un Dieu, et c'est pourquoi nous sommes Dieu. L'homme est de la race de Dieu. L'esprit de l'homme est l'esprit de Dieu, et l'esprit est indivisible. Nous, hommes, nous formons un tout avec le Grand-Être. Tout aboutit à cette révélation : Nous sommes Dieu ! Celui qui se sent être Dieu vit dans une vie qui ne connaît pas la mort."* (N.-J. Mouthan, dans *Naa een werkum*.)

Il est tout naturel que celui qui ne cherche que le mal cherche le plus grand mal, n'est-ce pas ? Ne pouvant attaquer Dieu directement, le démon détourne de Lui les adorations et les hommages des hommes, ses créatures de prédilection.

De nos jours, il procède à la perte du monde par un système étudié et coordonné qui précipite les peuples dans le matérialisme putride et qui déchaîne la révolution religieuse. N'est-ce pas mi bon moyen pour aboutir à la damnation massive ? De même que la passion du Christ, son ennemi, fut sa plus formidable attaque, il provoque la passion de l'Église, corps mystique du Christ. Rien n'excite sa fureur comme de constater que des animaux raisonnables vivent la vie surnaturelle et incorruptible dans leur chair corruptible.

C'est donc chez eux qu'il sent le besoin de semer l'ivraie de l'erreur et des passions ; ce sont eux surtout qu'il réclame pour les cribler comme le froment (Luc, XXII, 31) et autant que possible, en faire *"les fils de la désobéissance"* et de l'apostasie.

Toutes les persécutions contre les catholiques de tous les siècles ont eu cette malice pour cause.

Poursuivant son ambition primitive, le démon veut l'adoration que lui ont accordée les païens et que le christianisme lui a partiellement enlevée. Il voudrait pouvoir redire au Christ en lui montrant la terre : *"Tout ceci m'appartient"*.

Que n'a-t-il pas fait pour en arriver là, malgré la certitude qu'il a de sa défaite finale ? Pour au moins retarder l'œuvre de Celui qui l'a fait se retirer, il a suscité Néron, Julien l'Apostat, Mahomet, Luther, Henri VIII, Voltaire, Robespierre ; il a inventé le schisme, le modernisme, la Franc-Maçonnerie, le socialisme, l'anarchisme et mille autres instruments de divisions religieuses, moyens d'asseoir sa domination menacée.

Mais son chef-d'œuvre est sans contredit le communisme. Il l'a préparé de longue main et avec une habileté géniale. il a fait battre le chemin de l'apostasie universelle qu'il eu attend par la Franc-Maçonnerie dont il est l'unique inspirateur. Noyauter les gouvernements et les nations au moyen des Loges fut l'objet de ses particulières attentions. Les chefs de peuples ont bien voulu l'aider : quelques-uns par malice, d'autres par lâcheté, la plupart par entraînement à un athéisme politique de plus en plus avéré.

Lucifer a si bien travaillé que le monde cherche comme une curiosité les gouvernements qui se croient responsables devant Dieu. *"Quels sont aujourd'hui les gouvernements qui reconnaissent, leurs divers devoirs d'hommage national, de prière nationale pour que Dieu les guide, de supplication nationale pour le pardon des fautes de la nation et de résolution nationale d'agir toujours en harmonie avec les lois fondamentales suprêmes de Dieu et de la nature ?"* La question est posée par l'archevêque de Cincinnati, S. E. Mgr Mc Nicholas, et c'est lui-même qui y répond :

> "*Pour la plupart, écrit-il, les gouvernements dédaignent toutes les règles de morales fixes et immuables fondées sur la loi naturelle et sur la loi divine... Ils ne tolèrent ou n'encouragent la religion que dans la mesure où ils la considèrent comme une bonne force de police pour contenir les gens. Les gouvernements encouragent les forces libérales et radicales qui ne sont que trop empressées à tirer avantage de la liberté et des concessions. Il est tragique de voir les gouvernements accorder leurs faveurs à l'erreur et au mal et mettre des limites à la vérité et au bien. Les gouvernements qui ne tiennent pas compte de Dieu ont, pour tous leurs desseins et buts pratiques, une mentalité communiste. En ce sens, on peut dire que l'esprit national de nombre de gouvernements du monde aujourd'hui est communiste.*"

Le savant archevêque n'ignore pas que 65 % des sénateurs de son pays sont franc-maçons et que tous les présidents le furent, excepté un, Adams. C'est peut-être avec cette arrière pensée que dans le même document (Mentalité Communiste, E. S. P., n° 298) il écrit cette phrase qui fait un bruit de cravache :

> "*Si l'homme vend son âme, vend ses facultés d'intelligence et de volonté, vend sa liberté et la liberté de sa famille, et rejette les injonctions divines, il peut assumer un rôle d'importance dans l'État païen moderne.*"

Si nous lisons l'encyclique *Quadragesimo Anno*, nous constatons que le pape n'est pas moins dur, lorsqu'il trace le portrait du gouvernant moderne :

> "*Lui qui devait gouverner de haut, dit-il, comme souverain et suprême arbitre, en toute impartialité et pour le seul triomphe du bien commun et de la justice, il est tombé au rang d'esclave et devenu le docile serviteur de ses passions et de toutes les ambitions de ses intérêts.*"

A l'ouverture de la Semaine Sociale de Sherbrooke, le 25 septembre 1938, S. E. Mgr Desranleau fit un bref commentaire de l'encyclique *"Divini Redemptoris"* dans lequel, à son tour, et en des termes vigoureux, il accuse les dirigeants de pousser les peuples à l'abîme :

> *"En écoutant les discours et les programmes politiques, dit-il, en examinant les règlements municipaux..., en étudiant les lois des gouvernements, les publications des grandes firmes économiques, nous sommes bien forcés d'avouer que ces hommes, qui ont mission de penser et d'éclairer le peuple, n'ont pas lu, ou n'ont pas compris, ou n'ont pas voulu accepter les conseils et les ordres du Pape. C'est par en haut que la société paganise le peuple. Quels tristes échos ont répondu à cette vivifiante doctrine de Pie XI L'orage s'est changé en tempête : les intérêts égoïstes des riches, la paresse des bourgeois, les préjugés des ignorants qui cherchent à se donner des airs de bonne foi, la crainte des peureux, les violences des lâches, la malveillance des rassasiés, l'impatience des pauvres, ont formé un faisceau d'hostilités redoutables."*

Comment nos chefs spirituels pourraient-ils parler moins sévèrement, quand tout travaille à démontrer que les forces spirituelles ont été scientifiquement écartées des chantiers administratifs ? On peut bien n'en pas tenir compte et feindre de ne pas s'apercevoir de leur défaut, mais jamais on n'arrivera à abroger les lois de l'équilibre. L'Histoire a prouvé que rien n'a été bâti haut et solide qui ne s'appuyât sur ce fondement !

Pendant qu'on discute de liberté moderne, de liberté de parole, de droits de l'homme, de civilisation nouvelle, d'enseignement laïque ou neutre, de philanthropie, de morale civique, d'égalité, de libéralisme, d'humanitarisme, on oublie que Satan applaudit à tant de succès. Fini pour lui le temps de la domination sur les esprits isolés : il a contaminé l'esprit de la société qui, maintenant, pense, parle, juge et agit comme lui. Lentement il a détourné les peuples de la pratique religieuse ; il les a poussés vers les biens terrestres, surtout vers les plaisirs les plus violents : il sait bien que la corruption éloigne de Dieu et détache de sa loi. Pour empêcher que le remords touche ses victimes et les lui enlève, il tranquillise peu à peu les consciences, tout en ayant soin de leur laisser une religion vague, facile et peu exigeante : autrement elles pourraient trop facilement s'apercevoir du chemin parcouru et de la nécessité de le rebrousser.

Il fausse le sens de la moralité, du devoir et des responsabilités, afin que tous les biens du monde soient le profit des plus rusés, ses meilleurs amis : c'est avec eux qu'il fait des banquets plantureux pendant que les autres crèvent de faim ou mangent du pain noir.

Comme dessert, il soulève les crève-faim contre les repus. Il trompe les ignorants et les simples en déployant devant eux des titres pompeux comme ceux de peuple souverain, dictature du prolétariat, règne de l'humanitarisme ; en d'autres mots, il donne à l'esclave le besoin cruel de se sentir maître à son tour.

Toujours l'orgueil est son arme et la révolte son drapeau. Celui qui fit au ciel la première révolution continue à fomenter des soulèvements sur la terre, mais toujours dans le sens de sa haine contre Dieu. Avez-vous déjà vu des bouleversements sociaux qui n'aient pas tourné en persécution religieuse ?

Pourquoi ? Simplement parce que le social est un prétexte pour atteindre une fin absolument autre : pendant que la société s'égorge, l'enfer enfourne, les églises croulent, le sang des apôtres se répand et Dieu s'éloigne. Essentiellement homicide, il veut résolument le plus sûr moyen de tuer : il exploite l'argument suprême, celui qui l'a perdu et qui a donné la mort à Adam, je veux dire une promesse de vie plus intense pour les tueurs.

C'est animés de cette passion de vivre que des milliers d'assassins mettent la terre et le ciel en mouvement par la poussée des explosifs ; ils lancent dans les airs des voitures meurtrières et incendiaires qui ressemblent à des miracles. Et au milieu des éclairs et de la foudre provoqués par la Science, tout l'horizon retentit de formidables détonations : les laboratoires infernaux ne fournissent pas à la demande des engins de mort.

Et quand le labourage est fini, Satan applaudit de ses mains sanglantes ; et caché derrière des noms qui sont des mensonges, il dicte aux sans-âme et aux sans-cœur les lois de son gouvernement.

Art. 1$^{er}$ — L'éducation laïque et athée : c'est la loi la plus impérative.

Art. 2. — Le mariage civil et le divorce : la famille morte, c'est l'agonie de la société chrétienne.

Art. 3. — La restriction criminelle de la natalité : c'est la mesure de la moralité populaire.

Art. 4. — La suppression de la responsabilité personnelle : nous aurons alors les sociétés anonymes dont on se plaît à dire qu'elles n'ont pas d'âme.

Art. 5. — L'extinction de la foi vive des peuples par un étalage habile de tous les sophismes.

Art. 6. — La fabrication de toute pièce d'un Dieu-État omnipotent qu'il faut tout de même entourer d'une autorité factice, jusqu'au moment où le diable soulèvera de nouveau les masses du peuple contre cette autorité.

Art. 7. — L'immoralité sous toutes ses formes et à tous les degrés : un gros mal de cœur a des chances de porter à la tête.

Après avoir miné, chez les chefs de sa milice, les bases de la vérité, de la justice et de la morale, il aura tout vicié ce qu'ils auront touché, et il tournera contre eux la pourriture dont ils seront responsables. C'est alors que le monde aura, en guise de réactions, le socialisme, le communisme, l'anarchisme, le nazisme.

Ces doctrines, le démon les annoncera comme "*des messages de rédemption*", et les foules hospitalières, mais gâtées par les soins d'une même corruption, ne s'apercevront pas que ces nouveaux "ismes" ne sont que la monstrueuse excroissance des machinations infernales : au contraire, elles seront ravies d'y trouver l'approbation et la glorification des sept péchés capitaux qu'elles n'ont pu, jusque-là, aimer qu'en secret.

Y a-t-il une autre explication de l'enthousiasme avec lequel des êtres créés pour la Vérité poussent la folie jusqu'à vouloir détruire "*l'ombre même de la vérité ?*"

Le règne honteux du crime et du mensonge érigés en système et doctrine, où aurait-il donc sa source, sinon en enfer ?

## VISION INFERNALE

Il y a près d'un siècle, "un ange déchu", Lamennais, traça un lugubre tableau scriptural où il nous fait voir sept démons, représentant les sept péchés capitaux, en train de discuter un plan de perdition universelle.

Cette page a été quelque peu paraphrasée dans les *Paillettes d'Or* de 1891, recueil qui porte l'approbation de Mgr Vigne, archevêque d'Avignon d'alors.

Nous ne croyons pas qu'il soit superflu de la rééditer à cette heure où ce qui alors n'était qu'une vision est de nos jours une triste réalité qui sera prouvée au cours de cet ouvrage.

Loin de nous l'intention de présenter comme une vérité de tout repos ce qui n'est qu'une allégorie ; mais les sceptiques comme les simples avoueront que cette projection est bien un reflet de l'enfer dont personne n'a encore sérieusement douté, fût-il Voltaire. La voici :

*"C'était dans une nuit sombre ; un ciel sans astres pesait sur la terre comme un, couvercle de marbre noir sur un tombeau. Et rien ne troublait le silence de cette nuit, si ce n'est un bruit étrange comme d'un léger battement d'ailes, que de fois à autres on entendait au-dessus des campagnes et des cités.*

*"Et alors les ténèbres s'épaississaient, et chacun sentait son âme se serrer et le frisson courir dans ses veines.*

*"Et dans une salle tendue de noir et éclairée d'une lampe rougeâtre, sept hommes dégoûtants et terribles étaient assis sur sept sièges de fer. Ils avaient écrits sur le front les péchés mortels ; chaque front portait d'abord un des sept péchés mortels, et aussi les sept péchés mortels réunis. L'œil humain ne pouvait distinguer si c'était des démons ou des hommes possédés du démon.*

*"Et au milieu de la salle s'élevait un trône composé d'ossements humains ; et au pied du trône, en guise d'escabeau, était un crucifix renversé ; et devant le trône, une table d'ébène ;*

et sur la table, un vase plein de sang, rouge et écumeux, et un crâne humain.

"Et les sept hommes paraissaient pensifs et tristes ; et, du fond de son orbite creux, leur œil, de temps en temps, laissait échapper des étincelles d'un feu livide.

"Et l'un d'eux s'étant levé, s'approcha du trône en chancelant et mit le pied sur le crucifix.

"En ce moment ses membres tremblèrent, et il sembla près de défaillir. Les autres le regardaient immobiles, ils ne firent pas le moindre mouvement ; mais je ne sais quoi passa sur leur front, et un sourire qui n'est pas de l'homme contracta leurs lèvres.

"Et celui qui avait semblé près de défaillir étendit la main, saisit le vase plein de sang, en versa dans le crâne et but.

"Cette boisson parut le fortifier.

"Et, dressant la tête, ce cri partit de sa poitrine comme un sourd râlement :

"Maudit soit le Christ, qui nous a enlevé la liberté de la chair et la liberté du péché

"Et les six autres hommes se levèrent tous ensemble, et tous ensemble poussèrent le même cri : Oui, maudit soit le Christ qui nous a enlevé la liberté de la chair et la liberté du péché ! Après quoi, s'étant rassis sur leurs sièges de fer, le premier dit :

"Mes frères, que ferons-nous pour recouvrer notre liberté, et pour détruire le règne du Christ ? Là où il règne, nous ne pouvons régner, et notre cause est la même, parce qu'un péché est l'allié de tous les péchés. Que chacun propose ce qui lui semblera bon.

"Voici pour moi le conseil que je vous donne : Avant que le Christ vînt, qui est-ce qui nous gênait dans nos convoitises et nos luxures Sa religion nous ravit la liberté. Reconquérons la liberté et abolissons la religion du Christ.

"Et un second s'avança vers le trône, prit le crâne humain, y versa du sang, le but, et dit ensuite :

"*Pour abolir la religion dit Christ, il faut enlever aux hommes la vraie science, parce que la vraie science conduit d'elle-même à la doctrine du Christ. Vantons donc le prix des sciences, recommandons la diffusion des lumières, multiplions les méthodes d'enseignement, mais confions les écoles aux maîtres de l'iniquité. C'est ainsi que nous pourrons abolir la vraie science.*

"*Et tous répondirent : "Il est vrai ; abolissons la vraie science."*

"*Et ayant fait ce qu'avaient fait les deux premiers, un troisième dit :*

"*Lorsque nous aurons aboli la religion du Christ et corrompu les sources de la vraie science, nous aurons fait beaucoup, mais il nous restera quelque chose encore à faire.*

"*Il faut répandre chez chaque peuple les vices et les désordres de tous les peuples. Pour cela il faut propager au milieu de chaque peuple, le vice de tous les peuples ; nous ferons ainsi du monde entier un seul pays ; du genre humain, un seul cloaque ; de tous les peuples, un seul peuple.*

"*Et tous répondirent : Il est vrai ; faisons du monde entier un seul pays ; du genre humain, un seul cloaque ; de tous les peuples, un seul peuple.*

"*Et ayant bu le sang, un sixième dit :*

"*Je reconnais l'utilité de vos propositions ; mais pour arracher la probité du cœur des hommes, il faut les enivrer de volupté.*

"*Multiplions les jouissances du corps ; accordons aux artisans des plaisirs sensuels le nom et les couronnes de la vertu ; pervertissons le jugement, et par là nous pervertirons le cœur de l'homme.*

"*Et tous répondirent : Il est vrai, pervertissons par le volupté le jugement et le cœur de l'homme.*

"*Alors le septième ayant, comme les autres, bu dans le crâne humain, parla de la sorte, les pieds sur le crucifix :*

"*Plus de Christ ; mort à l'infâme et guerre éternelle entre lui et nous !*

"*Mais comment détacher de lui les peuples ? Pendant qu'il y aura des temples, des autels et des prêtres du Christ, vain espoir.*

"*Écoutez-moi : Abattons les temples, dissipons le patrimoine de l'autel et persécutons les prêtres.*

"*Et il n'y aura plus personne qui soutienne les droits du Christ, et rien qui le rappelle au souvenir des peuples.*

"*Et le peuple sera un troupeau sans pasteur, il suivra notre voix, et nous régnerons sur les temples abattus et sur les peuples dépravés.*

"*Et tous répondirent : Il est vrai ; abattons les temples, dissipons le patrimoine des autels et persécutons les prêtres.*

"*Et tout à coup, la lampe qui éclairait la salle s'éteignit, et les sept démons se séparèrent dans les ténèbres.*"

Essayons maintenant de voir encore plus clair dans le plan de campagne que bat férocement le démon. Une petite incursion de reconnaissance sur les différents fronts où se poursuit la lutte nous dira peut-être que nous connaissions mal les positions de l'ennemi ; qu'alors seul un changement de tactique pourra nous accorder la victoire.

Pour que les portes de l'enfer ne prévalent pas contre le Corps mystique de Jésus-Christ, il faut au moins que les membres sachent que "*le Royaume des cieux souffre violence*" et que la clé du succès n'est pas la complète méconnaissance des forces adverses…

Commençons, si vous le voulez bien, par l'examen du front le plus populaire, celui du communisme.

PREMIERE PARTIE

———⁂———

# LE COMMUNISME

> *"Le premier péril, celui qui est le plus grand et le plus général, c'est certainement le communisme sous toutes ses formes et à tous les degrés. C'est un danger universel qui menace le monde entier."*
>
> Pie XI, — Discours aux pèlerins hongrois, le 11 mai 1936.

# CHAPITRE PREMIER

---

## LA VRAIE NATURE DU COMMUNISME

S'il est une question qui fit couler de l'encre, c'est bien celle du communisme. Est-elle mieux comprise pour cela ? C'est le pape Pie XI qui a écrit :

*"Un très petit nombre de personnes ont su pénétrer la vraie nature du communisme"*

Divini Redemptoris.

Serait-ce parce qu'on a trop parlé de ses "*fausses promesses*" et de ses funestes effets, et qu'on n'a pas assez démontré qu'il est "*intrinsèquement pervers ?*"

Il y a exactement 95 ans qu'il a reçu sa première condamnation pontificale et il n'est pourtant pas exagéré de dire que 95 % des gens se demandent encore si le communisme est essentiellement un système politique, ou un régime économique, qu'une doctrine sociale, ou une philosophie : chacun avec sa chandelle veut y voir seulement ce qu'il cherche, ce qu'il craint ou ce qu'il souffre. Pour les uns, c'est la souveraineté du prolétariat ; pour les autres, c'est la communauté des biens ; ceux-ci y voient la fin de leurs maux, ceux-là le commencement de l'enfer ; des peuples immenses plient sous son fardeau ; des millions d'êtres humains sont morts de ses coups ; quelques-uns n'y voient qu'une situation pour le temps que peut durer la propagande ; et que sais-je encore ? Cependant, le Mont-Royal n'est pas de nature diverse parce qu'on le regarde en pleine nuit, en plein brouillard ou en plein soleil ? La différence ne lui vient que du degré de lumière dans laquelle on le regarde.

Il en est de même pour le communisme. Mais s'il est une autorité qui puisse clore le débat sur le fond de cette doctrine, c'est bien celle des inventeurs : aussi leur laisserons-nous toute la chance possible de prouver, par leurs écrits et leurs paroles, leur affiliation à l'enfer pour le triomphe du mal.

Si le communisme est d'invention diabolique, il faudra admettre que la liberté qu'il offre, l'égalité sociale qu'il prêche et les réformes qu'il propose sont simplement des mensonges. Car il est impossible que la poursuite du bonheur, de l'idéal, de la paix, du droit, de la justice et de l'équité parte de l'enfer.

Ce sont là des biens trop précieux pour que le diable soit intéressé à nous les obtenir. Mais parce qu'il sait que ce sont des appétits naturels avec lesquels il faut compter, il les montre hypocritement aux humains comme étant la fin ultime de sa proposition.

Il est cependant facile à tout esprit sérieux et à tout observateur de savoir la vérité qui est tout autre.

Satan n'exerce pas son zèle pour servir les hommes, mais seulement pour satisfaire sa haine contre Dieu qu'il ne peut atteindre que dans ses créatures de choix, les âmes humaines, images et ressemblance du Créateur.

Nous montrerons que par son inspiration, par son but, par les moyens dont il dispose, comme par les résultats qu'il obtient, le communisme est avant tout la chasse à l'homme, parce qu'image de Dieu ; la chasse à la Croix, parce que moyen de sauver les hommes.

Si le communisme est une philosophie complète de la vie, comme nous le verrons aussi, ne perdons pas de vue que son parachèvement est l'antireligion.

## A. — Le communisme est une antireligion

Ce n'est que pour se maintenir et se dissimuler que cette doctrine affiche ordinairement comme étant essentiellement un système de répartition économique, supprimant le profit et la propriété individuelle des biens de production ou de jouissance.

Affublé de ce masque, le communisme pourra tromper les âmes sincères, mais ignorantes, qui croient apercevoir dans une telle doctrine " *un message de salut et de Rédemption* " (*Divini Redemptoris.*) Elles oublient ou ne veulent pas admettre que " *L'ancien tentateur n'a jamais cessé, par ses promesses fallacieuses, de tromper le genre humain.* " (*Divini Redemptoris.*)

Je suis bien prêt à admettre que la majorité des dupes communistes sont mues par un désir de bien-être économique et social ; même qu'elles envisagent la lutte à la religion seulement comme un moyen de toucher le but, convaincues qu'elle est un obstacle à la révolution. Mais on ne peut pas prêter de telles dispositions à Satan qui veut le mal pour lui-même et qui ne veut que le mal.

Aussi, s'il permet que la majorité des thèses révolutionnaires soient une source de variations et d'adaptations, selon que l'exigent les différences de lieu, de tempérament, de mentalité, etc. — ct cela est largement prouvé par l'histoire du socialisme et des révolutions faites en son nom, — il ne permettra jamais qu'on touche à l'athéisme fondamental. De fait, il n'a pas encore bougé : au contraire, il a figé et durci davantage à mesure qu'il a vieilli.

Staline, au cours d'un discours, affirme ainsi l'immuabilité de l'irréligion communiste :

> *"Nous n'aurons achevé notre œuvre, dit-il, que lorsque la religion n'existera plus que comme le souvenir d'un passé historique. Tel doit être notre programme."*

N'est-ce pas que l'actuel dictateur de la Russie est allé plus loin que Karl Marx lui-même ? En 1844, ce dernier avait écrit :

> *"La religion est le soupir de la créature opprimée, le sentiment d'un monde sans cœur, l'opium, du peuple. Le véritable bonheur du peuple exige que l'on supprime la religion."*

Lénine, père putatif du communisme, n'a pas manifesté de tendresse à l'égard de Dieu : il a, au contraire, tenu aux grossièretés qui révèlent une paternité essentiellement malfaisante.

> *"Toute idée religieuse, blasphème-t-il, toute conception d'un bon Dieu est une chose abominable. Des millions d'ordures, de souillures, de violences, de maladies, de contagions sont bien moins redoutables que la plus subtile, la plus épurée, la plus invisible idée de Dieu... Le marxiste est essentiellement matérialiste et, comme tel, est impitoyablement hostile à la religion."*

(Cité par le Bezbojnik, sept. 1935.)

Qu'on ne se laisse donc pas leurrer par les publications de mariage du communisme avec la religion Ce peut être une intéressante nouvelle pour la propagande, mais c'est un canard. Dans leur **A. B. C. du Communisme**[1], N. Boukharine et E. Préobrajensky nous mettent eux-mêmes en garde contre ce mensonge en des termes non équivoques :

> *"Certains communistes médiocres raisonnent ainsi : "La religion ne m'empêche pas d'être communiste ; je crois également en Dieu et au communisme. Ma foi en Dieu ne m'empêche pas de lutter pour la cause de la Révolution prolétarienne." Un tel raisonnement pèche par la base. La religion et le communisme*

---

1. — Sans doute, les communistes 1940 n'exploitent plus les données de Boukharine, mais elles nous diront à perpétuité que le communisme est né dans son divorce officiel avec la religion.

*sont* incompatibles *aussi bien théoriquement que pratiquement.*

*"... Un communiste qui rejette les commandements de la religion et agit d'après les directives du parti cesse d'être croyant. Par contre, un croyant qui se prétend communiste, mais qui enfreint les directives du parti au nom des commandements de la religion cesse d'être communiste."*

*"Vouloir séparer politique et propagande antireligieuse, insiste M. Joroslawsky, est une tendance incompatible avec le marxisme."*

Il est donc faux de croire que l'athéisme soit accidentel dans le communisme, et qu'un compromis soit possible entre les deux principes en présence : ils sont absolument contradictoires.

*"Le marxisme, c'est le matérialisme. A ce titre, il est aussi implacablement opposé à la religion que le matérialisme des encyclopédistes du XVIII<sup>e</sup> siècle... Nous devons combattre la religion. C'est l'a. b. c. de tout le matérialisme et, partant, du marxisme. Mais le marxisme n'est pas un matérialisme qui s'en tient à l'a. b. c. Le marxisme va plus loin : Il dit : il faut savoir lutter contre la religion."*

(Lénine.)

Quand le communisme fait mine de tolérance, c'est de la pure stratégie pour aboutir plus sournoisement, mais aussi sûrement, à la suppression de la religion.

*"Engels érigeait que le Parti ouvrier travaillât patiemment à l'œuvre d'organisation et d'éducation, du prolétariat, œuvre aboutissant au dépérissement de la religion."*

(Lénine.)

Le paragraphe 13 du Programme du Parti est aussi très clair sur l'attitude du communisme politique à l'égard de la religion. Le voici :

*"On ne saurait se contenter de la formule des démocraties bourgeoises de la séparation de l'Église et de l'État : "Le Parti visera à une totale destruction du Lien qui unit les classes exploitantes et l'organisation de la propagande religieuse, et*

cela en contribuant à libérer réellement les masses ouvrières des préjugés religieux et en organisant la plus large propagande d'éducation scientifique et antireligieuse."

Le Programme du Komintern — celui qui fut en vigueur de 1921 à 1928 — n'attache pas moins d'importance à la lutte antireligieuse :

"*Parmi les tâches de la révolution culturelle, qui doit embrasser les plus grandes masses, une place spéciale est tenue contre l'opium des peuples, la religion, lutte qui doit être menée de façon systématique et sans défaillance.*"

Dans *Socialisme et Religion*, Lénine écrit :

"*Notre propagande comprend nécessairement celle de l'athéisme.*"

Alors qu'il était président de la IIIe Internationale, Zinoviev disait :

"*Nous poursuivrons nos attaques contre Dieu au temps voulu et de la façon qui conviendra. Nous avons confiance que nous l'écraserons dans son empyrée.*"

Lors de l'inauguration, en 1925, de la puissante *"Association des Athées"*, dont il présidait les assises, Lunacharsky disait dans un discours qui déshonore notre siècle :

"*De toute mon âme, je souhaite aux Athées tous les succès dans leur lutte contre le fantôme répugnant de Dieu, qui a causé un mal si diabolique à L'Humanité entière au cours de l'histoire.*"

Solz, membre du Commissariat de l'Inspection, n'est pas moins doux à l'égard de l'idée religieuse :

"*Toutes les religions, tous les dieux sont un même poison enivrant, endormant l'esprit, la volonté, la conscience ; une guerre implacable doit leur être faite.*"

Jaroslavsky, membre de la Commission de Contrôle dit que :

"*communisme et religion sont des ennemis irréconciliables…*

*Nous avons fondé une union (allusion à l'U.R.S.S.) précisément pour cette latte contre tout bourrage de crâne religieux des ouvriers."*

Staline déclarait en 1936 :

*"Nous considérons la religion comme notre pire ennemie. La lutte contre elle doit être poursuivie inlassablement, car il ne peut y avoir de compromis avec la religion dont les buts sont foncièrement opposés aux nôtres."*

*Pas de neutralité à l'égard de la religion*, avait-il dit deux ans auparavant. *Contre les propagateurs des absurdités religieuses, contre les ecclésiastiques qui empoisonnent encore les masses travailleuses, le parti communiste ne peut que continuer la guerre."*

C'est presque au hasard, dans un tas immense de pourriture, que ces citations ont été tirées. Elles disent assez éloquemment que le communisme ne se contente pas d'être athée, mais qu'il est résolument et essentiellement un athéisme. Ce sont les plus authentiques sources de cette impureté qui l'en accusent. N'est-ce pas d'ailleurs aux inventeurs de présenter et d'expliquer leurs trouvailles ? Les premiers, ils doivent prendre, devant leur clientèle éventuelle, la responsabilité de leur réclame. Car avant qu'ils aient fait connaître eux-mêmes l'usage et le fonctionnement de leur nouveauté, le jugement des profanes ne peut être que téméraire.

Si donc il appert de ce qui précède que le communisme soit dogmatiquement athée (*"Le communisme est par sa nature antireligieux"*), a écrit le pape Pie XI), la faute en est uniquement à ses promoteurs. D'ailleurs, ils n'ont aucune sorte d'objection à ce que nous tirions une telle conclusion : car ils la croient montrable. Les *Izvestias* du 16 déc. 1929 n'écrivent-elles pas :

*"C'est une vérité élémentaire que le front antireligieux est un secteur des plus importants dans la lutte des classes"* ?

Un journal belge, *Le Travailleur*, s'exprime ainsi :

*"L'idée de Dieu est immorale, absolument contraire à tout*

*progrès ; il faut que le catholicisme tombe ! Il faut étouffer le papisme dans la boue. Guerre à Dieu ! Le progrès est là.* "

La devise de l'Union des Sans-Dieu militants va jusqu'à donner un caractère positif à l'anéantissement religieux :

"*La lutte* contre la religion, *c'est la lutte* pour le socialisme. "

L'effort de laïcisation est si tragiquement intense qu'il justifie l'idée première de ce chapitre, à savoir que la fin dernière du communisme est l'assouvissement de la haine des démons contre tout ce qui est divin.

D'après les dernières statistiques des Soviets parues dans *Le Sans-Dieu* et l'*Antireligieux*, la situation des athées militants se présenterait comme suit : On comptait vers le commencement de 1939, 60.748 cellules et 1.044.047 membres de l'Union.

Vers le commencement de 1940, il y avait 95.158 cellules avec 2.992.038 membres.

Ce qu'il faut remarquer, c'est l'activité antireligieuse qui produit ces résultats. Aux chiffres que nous venons de donner, il faut ajouter ceux-ci qui nous viennent de la même source : en 1939, les Sans-Dieu militants auraient fait en tout 200.057 conférences et rapports antireligieux, 276.290 lectures et causeries, englobant un auditoire de 8.690.950 personnes. Plus de 400.000 numéros du journal *Bezbojnik* et de l'*Antireligioznik* sont diffusés dans toute l'U.R.S.S. et servent de matériel d'actualité pour le travail d'une vraie armée des conférenciers, des instructeurs, des cercles de maîtres et de lecteurs du Front antireligieux.

Retenons de ces enseignements qu'il ne peut y avoir de révolution, de plongeon dans le radicalisme le plus avancé, sans que d'abord la religion ne tombe en ruine.

"Comme socialistes, disait à Gand, M. Fontaine, *nous voulons l'anéantissement de toute religion et de toute église.* "

Comment pourrions-nous encore croire que le communisme peut être autre chose qu'un instrument au service de l'enfer pour tuer les âmes ? C'est, selon le mot de Mgr Fulton Sheen, professeur à l'Université Catholique de Washington, *"le corps mystique de l'antéchrist."*

C'est un torrent de haine qui émane d'une mystique au débit puissant. Et comme il descend dans la plaine de l'indifférence massive, il entraîne avec lui les lâches, les pusillanimes et les mous ; il en grossit son cours. Lorsqu'il se heurte aux pierres d'une église qu'il voudrait emporter dans le gouffre, il mugit de rage, lorsqu'il chante son "Internationale", c'est pour soutenir son lâche courage. Sa fin, c'est de détruire. Son avidité, c'est de jeter l'humanité dans la vallée du désespoir.

Si l'on peut dire que le collectivisme est le corps du bolchevisme, il faut ajouter que l'athéisme en est l'âme et qu'il ne peut pas vivre sans elle.

Toute tolérance envers la religion doit être considérée non seulement comme une faiblesse coupable, mais comme une abdication. Un marxiste est un homme qui sait que *"la sentence de Marx, la religion est l'opium du peuple, constitue la pierre angulaire de toute la conception marxiste."*

Celui donc qui s'en tiendrait au communisme économique, sans se déclarer *"résolument hostile à toute religion.",* n'aurait jamais sa place dans les rangs du parti officiel : on ne le considérerait que comme un vulgaire collectiviste. Car *"pour ce qui est du parti du prolétariat socialiste,* affirme Lénine, *la religion n'est pas une affaire privée : elle intéresse l'ensemble du parti."*

---

*"Sur ce point,* écrit S. E. le cardinal Villeneuve, *le programme est bien net : pas de compromis, pas de demi-mesures, mais l'athéisme le plus absolu, le plus radical."*
(*La philosophie du bolchevisme.*)

A l'appui de tous ces témoignages, S. E. Mgr Gauthier, de regrettée mémoire, apportait aussi le poids de sa haute autorité dans la matière :

> *"Diabolique, disait-il, le communisme l'est surtout par la persécution de tout ce qui est catholique... Plus qu'une révolution politique ou la lutte contre le capitalisme, c'est une persécution religieuse."*

Dans une lettre au cardinal de Tolède, le cardinal archevêque de Westminster exprime puissamment la même pensée au sujet de la révolution communiste qui a ensanglanté l'Espagne pendant trois ans.

> *"Nous refusons d'être des partisans politiques, écrit-il ; mais nous voyons et nous avons vu, dès le début, que non seulement le catholicisme, mais la religion, sous quelque forme qu'elle se présente, ont été les buts principaux des attaques des forces ennemies de Dieu, qui sont résolues à faire de l'Espagne le centre stratégique d'une révolution mondiale, contre la propre base de la société civilisée en Europe."*

S. E. le cardinal Verdier était parfaitement d'accord avec les éminents archevêques que nous venons de citer.

> *"N'est-il pas de toute évidence que la lutte titanesque qui ensanglante le sol de la catholique Espagne est en réalité la lutte entre la civilisation chrétienne et la prétendue civilisation de l'athéisme soviétique ?"*

C'est par centaines que nous pourrions publier les témoignages qui affirment le caractère franchement antireligieux du communisme et des révolutions qu'il a provoquées. Pour ne pas prolonger indéfiniment une preuve qui ne doit plus laisser de doute, si ce n'est dans quelques esprits malhonnêtes ou esclaves, je termine une longue série de témoignages par celui de quarante-huit évêques ayant signé le même document :

> *"La révolution communiste fut surtout antidivine.*
> 
> *"C'est une chose prouvée au point de vue documentaire que, dans le projet minutieux de la révolution marxiste qui se préparait et qui allait éclater dans tout le pays... , l'extermination du clergé catholique était ordonnée.*

> *... une organisation savante mise au service d'une terrible entreprise d'anéantissement, surtout des choses de Dieu.*
>
> *"... Cette révolution fut antichrétienne.*
>
> *"Les formes assumées par la profanation ont été si invraisemblables qu'on ne peut pas les concevoir sans supposer une suggestion diabolique.*
>
> *"Les temples brûlèrent parce qu'ils étaient les maisons de Dieu, et les prêtres furent sacrifiés parce qu'ils étaient les ministres de Dieu. Les preuves en abondent."*
>
> (*Extrait de la lettre collective des évêques espagnols,* 1ᵉʳ juil. 1937.)

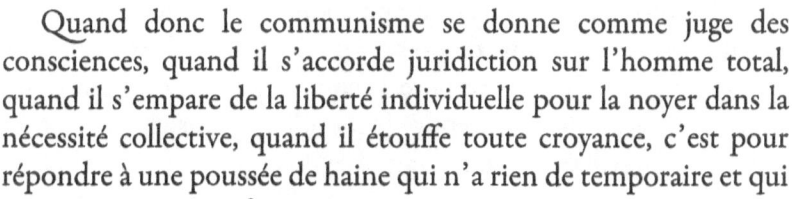

Quand donc le communisme se donne comme juge des consciences, quand il s'accorde juridiction sur l'homme total, quand il s'empare de la liberté individuelle pour la noyer dans la nécessité collective, quand il étouffe toute croyance, c'est pour répondre à une poussée de haine qui n'a rien de temporaire et qui a son principe en enfer.

Le pape Pie XI a lui-même affirmé que ce conflit n'est pas né d'une excitation nerveuse et passagère, mais que c'est une *« lutte froidement voulue et savamment préparée contre tout ce qui est divin »* (*Divini Redemptoris.*)

Conclusion : le communisme n'est pas humain. Nous avons affaire à un *fléau satanique* (Pie XI).

> *"Si des hommes voulaient s'unir pour anéantir le monde, ou pour annihiler la puissance des éléments ou pour détruire tout le système planétaire, ce serait une union moins insensée que celle d'un athéisme mondial qui, pour ses propres fins mauvaises, est en train de tenter de détruire Dieu dans l'esprit et dans le cœur des hommes. Jamais depuis la création il n'y a eu une*

*telle dégradation des pouvoirs de la raison que celle qu'exhibe l'organisation mondiale pour la propagation de l'athéisme. "*
(S. E. Mgr John T. McNicholas, o. p., archev. de Cincinnati, *École Sociale Populaire*, n° 298.)

Mais, me demandera-t-on, le communisme n'est donc pas un système économique ? C'est Lénine qui répond :

*"Notre programme repose tout entier sur une philosophie scientifique et notamment sur une philosophie matérialiste."*
(*Socialisme et Religion*.)

Cela signifie que tous les problèmes particuliers, économie, sociologie, politique, famille, etc., ne sont que des pupilles humblement soumises à une philosophie tutrice. De sorte que s'il est vrai de dire que le communisme commande à l'économie, à la sociologie et à la politique, il est faux de dire qu'il soit par définition une doctrine économique, sociale ou politique. Il s'agit moins pour lui de niveler les classes que de présenter l'homme et l'univers selon la conception qu'il s'en est faite, la conception matérialiste. C'est surtout sa façon de comprendre le monde qui lui suggère la poursuite d'une civilisation tout à fait excentrique.

Si, en effet, l'homme n'est pas ce qu'il a toujours cru être, si sa véritable destinée n'est pas celle qu'il poursuit de tout temps, il lui faut faire table rase de tout le passé et changer son mode de penser et de faire. En se trompant sur sa nature et sa fin, il s'est nécessairement trompé dans tous ses actes antérieurs. Et alors la révolution qu'il devra faire embrassera absolument tous les domaines où il s'est aventuré auparavant. C'est pourquoi, à l'instar de l'Apôtre, Staline ordonne à ses disciples de se *"débarrasser du vieil homme et de revêtir l'homme nouveau."*

En un mot, l'homme nouveau devra substituer une philosophie complète de la vie à une autre qu'il juge périmée et de tout temps fausse. Métaphysique, cosmologie, théodicée, psychologie, morale, sociologie, pédagogie, statut familial, politique, économique, et même la philosophie de l'Histoire devront passer par le fer et le feu de la révolution.

Mais à la fin, on dirait que tout ce grand ménage de la pensée n'est qu'un habile moyen de dissimuler le poison qui lui est destiné. D'ailleurs, Lénine n'a pas pu s'empêcher de le dire :

> *" Nous avons fondé notre association, le parti ouvrier social-démocrate de Russie entre autres, pour combattre précisément tout bourrage de crâne des ouvriers par la religion."*
>
> (*Socialisme et Religion.*)

Il ajoute qu' :

> *"Il faut lier cette lutte à la pratique concrète du mouvement de classe visant à faire disparaître les racines sociales de la religion."*
>
> (*Marx, Engels, Marxisme.*)

Et Zinoviev de déclarer, le 17 juin 1923 :

> *"Notre programme est basé sur le matérialisme scientifique qui inclut purement la nécessité de propager l'athéisme."*

Si Boukharine avait été seulement un amant des foules souffrantes et un philosophe épris des beautés de la vérité, il aurait laissé aux vulgaires le soin d'écrire dans le premier numéro du journal l'*Athée*, la phrase rageuse que voici :

> *"Il faut renverser les dynasties du ciel, toutes les catégories et hiérarchies, arracher les auréoles, faire décamper les dieux de leurs temples, les reléguer dans les cachots les plus mauvais, dans les camps de concentration. Et les principaux de ces dieux, il faut les amener, comme responsables de tous les maux devant le tribunal du prolétariat."*

Il n'aurait pas, pour que le mot tribunal n'ait pas seulement un sens figuré, institué à l'Université de Sverdlov la magistrature bouffonne où Dieu fut accusé et condamné comme auteur des *"forfaits auxquels on ne peut comparer les actes des plus grands criminels de la terre ?..."*

Si nous n'avions pas voulu nous borner à la preuve d'autorité, nous pourrions parler des exhibitions caricaturales, des musées antireligieux, des démonstrations sacrilèges organisées pour les jours de grandes fêtes religieuses, des parodies liturgiques, etc. Mais tout cet étalage de grossièretés et de blasphèmes serait surérogatoire : à quoi, en effet, ne peut-on pas s'attendre de gens qui, avec le professeur Fatov, demandent qu'il y ait des *"spécialistes antireligieux, comme il y a des agronomes ou des chimistes ?"*

Il m'est arrivé souvent, au cours des quelques 1700 conférences que j'ai données sur la question, de m'entendre poser l'objection suivante :

*"Les tracts de propagande que nous avons lus, les discours communistes que nous avons entendus et les programmes dont nous avons pris connaissance ne portaient pas cette marque diaboliquement haineuse. Ils insistaient surtout sur le mieux-être économique. N'y aurait-il pas antagonisme entre le léninisme et le communisme de nos jours"* ?

Eh bien, non. Si la propagande a changé ses attitudes, si la politique soviétique affiche une certaine souplesse, la doctrine n'a pas changé d'un iota depuis Marx et Lénine. Les événements eux-mêmes disent assez au Mexique, en Espagne, en Pologne, aussi bien qu'en Russie, que la haine de Dieu, pour le communisme, est un élément basique glacé d'un travers à l'autre. Sous toutes ses formes, le socialisme est implacablement antireligieux, qu'il tienne des saint-simoniens, des marxistes, des léninistes, des anarchistes, des bolcheviks et même des nazistes.

Le socialisme voit le sommet de la libération humaine dans sa révolte totale contre Dieu et contre une humanité se nourrissant de vérités spirituelles enseignées par quelque religion.

Il voit dans la suppression de Dieu, principe de toute autorité, un terme à toutes les sujétions. Ainsi toutes les anciennes institutions pourront être balayées, et le règne absurde et violent d'une impossible égalité pourra être entrepris. Après son mouvement de révolte, Satan a voulu être l'égal de Dieu. Il a tenté Adam avec le mirage de sa prochaine égalité avec Dieu. C'est toujours l'orgueil qui est à la racine du mal. C'est toujours Satan qui en est l'auteur. Même quand les pionniers du communisme ont cru faire œuvre humanitaire en rejetant le droit de propriété et en proclamant l'égalité, leur inspirateur savait, lui, faire œuvre infernale : il livrait la guerre à un droit qui implique l'autorité absolue et la supériorité relative de celui qui possède justement.

Le socialisme veut en finir définitivement avec tout ce qui gêne l'homme dont la jouissance doit être la fin dernière :

*"La fin de l'homme est le bonheur qui consiste, pour tout être organisé et pour l'homme, par suite, dans la satisfaction de plus en plus complète de l'intégralité de ses besoins."*

(Guesde, — *Essai de catéchisme socialiste*.)

L'homme voulant être lui-même l'objet de ses adorations et de ses hommages, il ne veut répondre à personne de ses actes.

De là, la destruction systématique des gouvernements revêtus de légitimité.

Corrompu par un monstrueux orgueil et égaré par une absurde suffisance, l'homme ne souffrira plus qu'on lui donne des ordres. Et pour jouir de tous les biens terrestres, à son gré, il proclamera la communauté de ces biens pour les millions de petits dieux qui composent l'humanité.

On ajoutera à ces erreurs générales une infinité d'erreurs particulières dont la somme constituera le fil barbelé où s'empêtreront les foules naïves. Mais quand donc aura-t-on compris que le communisme est une institution extra-humaine ? Quand donc aura-t-on conclu qu'en détrônant le Créateur, il faille introniser son éternel ennemi ? Il n'est pas ailleurs le fond du problème. Et ceux qui tiennent à récolter les fruits cultivés par les principes communistes s'en vont fatalement à un désespoir si grand qu'il ne leur restera plus que le suicide pour satisfaire leur appétit naturel de félicité.

## B. — Le communisme est une religion

A première vue, il semble paradoxal d'identifier communisme et religion, après avoir démontré qu'il est si férocement ennemi de toute religion. Nous verrons que ces deux contraires ne sont cependant pas contradictoires.

S'il est vrai que dans cette doctrine "*il n'y a plus de place pour l'idée de Dieu*" (*Divini Redemptoris*) il est faux de penser qu'il n'y ait plus de place pour une mystique ou une espèce de religion. Certes, elle a renoncé à toute assise spirituelle et même intellectuelle, mais elle cherche sa force explosive dans une ferveur sentimentale telle, qu'il n'est pas exagéré de dire qu'elle est une religion.

> "*Le bolchevisme, c'est la contre-Église, qui veut graduellement se substituer à l'Église du Christ. Son but est de prendre sa place.*"
>
> (Gurian, *Le Bolchevisme*, p. 240.)

Le diable connaît trop la nature humaine pour avoir oublié qu'il faut, à un "*être essentiellement religieux*" plus qu'une doctrine sociale, un système économique, un régime politique et, à plus forte raison, une antireligion ; mais qu'il lui faut une religion. Et il lui en a donné une dans le bolchevisme prolétarien, ennemi de toute religion.

La **divinité** qu'il a installée au centre de cette doctrine, c'est le prolétariat. Et de même qu'un chrétien authentique doit se renoncer à lui-même pour amener ses frères au pied de la croix rédemptrice, ainsi le communiste vrai s'oubliera pour servir la collectivité qui doit absorber l'individu.

Les prolétaires eux-mêmes, et surtout eux, devront tout sacrifier, liberté, pensées, démarches, volonté, temps, et même la vie, à la cause sacrée du prolétariat : car c'est lui qui commande les **hommages** et **dévotions**, comme c'est lui qui impose **sa norme de morale** : "*Est moral ce qui est utile au parti, est immoral ce qui lui nuit*", proclame Lénine, **souverain prêtre** du Prolétariat.

*"Un pseudo-idéal de justice, d'égalité et de fraternité dans le travail, imprègne toute sa doctrine et toute son activité d'un faux mysticisme qui communique aux foules, séduites par de fallacieuses promesses, -un élan et un enthousiasme contagieux."*
(Pie XI, — *Divini Redemptoris*.)

C'est que le communisme fait appel à tout l'homme. Même quand il nie le principe de son âme spirituelle, même quand il enseigne, avec Karl Marx, que "*le cerveau sécrète la pensée, comme le foie la bile*", et que "*l'idée n'est que le monde matériel traduit et transposé dans le cerveau humain*", il continue — qu'il s'en rende compte ou non — à offrir les aliments indispensables aux appétits de l'âme, à nourrir ses facultés et aspirations.

Ainsi, il met toute l'intelligence au service de ce qu'il donne comme idéal ; il oblige le jugement à trouver bonnes les conclusions qui servent la cause ; il penche constamment la volonté sur la margelle symbolique du bonheur, laissant à l'homme l'espérance ferme qu'il assouvira un jour l'immense soif qu'il a d'être heureux. Car tout être humain veut le bonheur. Il le réclame avec âpreté à celui qui prétend pouvoir le lui donner. Nous n'avons qu'à relire cette plainte du célèbre socialiste Pierre Leroux :

*"Autrefois, il y avait un Dieu dans le ciel, -un paradis à gagner... J'avais la prière, j'avais le sacrement ; j'avais le repentir et le pardon de mon. Dieu. J'ai perdu tout cela ; vous m'avez appris que je n'ai pas de paradis à espérer, qu'il n'y a plus d'Église, que le Christ était un imposteur. Je ne sais même*

*pas s'il existe un Dieu. Donc, je veux ma part de la terre. Vous avez tout réduit à de l'or et à du fumier. Vous m'avez ôté le paradis dans le ciel, je le veux sur la terre..."*

A moins de changer la nature, on ne peut absolument pas arracher à l'homme des appétits qui lui sont essentiels. Jean Jaurès le savait bien ; et malgré qu'il fût socialiste, il affirmait qu'"*on ne peut couper l'humanité en deux et dissocier en elle, la vie idéale et la vie économique.*"

*"Nous prétendons, nous aussi, à la domination spirituelle,* disait cet autre socialiste, Léon Blum, le 3 février 1925, *à la Chambre des députés. Nous aussi, ajoute-t-il, nous essayons de créer quelque chose qui ressemble à une foi, une foi qui repose sur la justice humaine et non pas sur la révélation divine... Nous aussi, nous faisons du socialisme une règle générale de vie qui doit gouverner toutes nos pensées et toutes nos actions."*

Juif jusqu'au génie, Blum ne veut pas que les âmes s'aperçoivent de la descente vertigineuse que leur fait faire le socialisme. Sachant qu'elles descendent dans l'obscurité et qu'elles ont le regard brouillé par la passion du bonheur immédiat, il veut leur donner l'impression qu'elles montent. Car l'âme est naturellement attirée vers le haut. Elle éprouve une constante poussée vers son objet, tout comme le morceau de liège, retenu au fond de l'eau par un certain poids, tend constamment à monter à la surface.

Ici-bas, seul le poids du corps auquel l'âme est attachée peut empêcher celle-ci de monter vers Dieu comme un trait ; après la mort, seul le poids de la justice de Dieu peut l'empêcher de l'atteindre, et alors c'est la peine du dam, l'enfer.

Qu'on réussisse à tromper l'âme sur la nature de son véritable bien, personne ne le niera ; mais jamais on n'arrivera à lui ôter son désir de félicité. Elle est vraie pour tous les hommes cette sentence du Père Lacordaire : "*La vocation de l'homme, c'est d'être heureux.*"

Le bonheur, quand l'homme ne l'attend plus dans l'éternité qu'il nie, il le veut dans le temps qu'il croit son lot ; et cela d'autant plus désespérément qu'il est moins sûr de le rejoindre. D'où ce fanatisme aveugle, ou mieux cet **ascétisme** férocement matérialiste chez le bolchevik : il sent que **son ciel souffre aussi violence**. Seuls les violents (bolchévicks) l'emportent. Les mous (menchévicks) sont impitoyablement vomis de la bouche du Parti. Car la contre-Église est frénétiquement jalouse de son **orthodoxie** : elle **excommunie** tous ceux dont le bolchevisme est suspect ; elle condamne comme **hérétique** quiconque rejette un seul de ses **dogmes** dont voici les principaux :

*"La matière seule existe."*
*"L'homme est un animal technique."*
*"La religion est l'opium du peuple."*
*"Dieu, c'est le mal."*
*"La propriété, c'est le vol."*
*"L'autorité, quelle qu'elle soit, doit être abolie."*
*"La famille est un foyer de putréfaction bourgeoise."*
*"Le mariage est une institution absurde et immorale."*

Voilà l'**évangile** où le bon marxiste doit trouver sa **foi**, son espérance et son **salut**. Il **vénère** la mémoire des philosophes qui ont préparé l'avènement du **messie** d'une société sans classes, entre autres : Proudhon, Kant, Fichte, Schelling, Hegel et Feuerbach [2]. Mais son admiration immédiate va surtout à Lénine, **souverain pontife** du bolchevisme. On en conserve religieusement les restes dans un mausolée qui n'est rien autre chose qu'un véritable **sanctuaire**.

Pour raviver la **piété** révolutionnaire, des **pèlerinages** monstres sont souvent organisés au tombeau de cet assassin que tous doivent **vénérer** avec le plus grand respect.

*"Lénine est mort, mais il vit dans l'âme de chacun des membres du parti. Chacun des membres du parti est une parcelle de Lénine. Toute notre famille communiste est l'incarnation collective de Lénine."*

---

2.— —Ce ne furent pas tous des matérialistes, mais chacun d'eux a contribué, de près ou de loin, à la venue du marxisme matérialiste.

Ces termes, avec lesquels on annonça officiellement la mort du chef aux membres du parti, ressemblent étrangement à la doctrine du Corps Mystique prêchée par saint Paul :

> "*Comme le corps est un et a plusieurs membres, et comme tous les membres du corps, malgré leur nombre, ne forment qu'un seul corps, ainsi en est-il du Christ*
> 
> (I *Cor.* 12.)"

"*Lénine est-il mort*", demanda un jour un examinateur à un universitaire ? Et il riposta à l'élève qui a cru devoir répondre affirmativement :

> "Il n'est pas mort, *puisqu'il vit dans nos cœurs*. Il est **ressuscité**, *puisqu'il vit en vous, puisqu'il vit en moi.*"

Si ce n'est pas ça du mysticisme, je n'y comprends plus rien, et je me demande ce que S. Paul enseignait aux Galates, quand il leur écrivait :

> "*Ce n'est plus moi qui vit, c'est le Christ qui vit en moi.*"..

Oui, le communisme est **un corps mystique**, celui de l'**antéchrist**. Dans ce dernier, il y a cette différence avec celui du Christ que ses membres ne sont pas libres de se détacher du tronc sans encourir immédiatement le châtiment de leur **apostasie** : vingt millions de morts l'attestent.

Les **sacrificateurs** de la Tchéka, de la Guépéou ou de la Gougobez ont les mains plusieurs millions de fois rouges du sang qu'ils ont répandu sur l'**autel** de la révolution.

En Soviétie, comme on est dans un **autre monde**, quand on a pu éviter la mort ou l'île Solovetsky, il n'y a de choix qu'entre le **paradis socialiste** et l'**enfer sibérien**. C'est là qu'il y a des pleurs et des grincements de dents...

Mais si les **adorateurs** de la **trinité** Marx-Lénine-Staline sont sujets à des sanctions si rigoureuses, c'est sans doute qu'il y a dans le communisme une **morale à observer** et des **vertus à pratiquer** Absolument. Là comme ailleurs, la vie doit être conforme au **credo**.

Quand, par exemple, on croit que la science répond à tous les problèmes que pose la vie, quand on croit au triomphe absolu de l'égalité, au constructivisme révolutionnaire, à l'État-Providence, au matérialisme dialectique et à d'autres fadaises, il faut bien se soumettre au tribut qu'elles exigent, même s'il faut (comme c'est le cas pour Staline) renier sa mère...

Le premier principe de morale, à savoir que "*est moral ce qui est utile au parti et est immoral ce qui lui nuit*", n'est pas si simple de pratique que certains pourraient le croire : il commande tout un catéchisme qui bouleverse les règles élémentaires du bon sens. Il suffit de lire **Essai de catéchisme socialiste** de Jules Guesde pour s'en rendre compte.

En voici quelques courts extraits :

"*Qu'est-ce que l'homme ? L'homme est le dernier terme dans la série animale...*

"*Quelle est la fin de l'homme ? Le bonheur qui consiste pour tout être organisé et pour l'homme, par suite, dans la satisfaction de plus en plus complète de ses besoins...*

"*On voit donc l'erreur de ceux qui voudraient faire une distinction entre nos besoins, les diviser en légitimes et illégitimes... Les restreindre, ce serait mutiler l'homme sous prétexte de le perfectionner.*

"*Le libre arbitre existe-t-il ? Non, le libre arbitre n'existe pas, ne peut pas exister...*

"*Qu'est-ce que l'éducation ? Développer le plus possible l'intégralité des facultés de chaque homme ou, si l'on aime mieux, la totalité de ses forces musculaires et nerveuses, et les diriger vers le bien, c'est-à-dire vers ce qui est le plus utile à chacun et à tous : elle ne consiste pas en autre chose.*"

Mais il ne faut pas perdre de vue que l'éducation socialiste dirige ces "*facultés*" vers le seul "*bien*" qui corresponde à la conception matérialiste de la vie : tout ce qui lui est étranger est considéré comme du poison vif. En Russie, on se méfie comme d'une bombe incendiaire de la moindre expression de la pensée. On ne doit rien savoir. Gare à ceux qui savent quelque chose ! Ce sont des êtres dangereux, des saboteurs ! Il faut vite les envoyer aux camps de concentration ; car s'il fallait que le peuple sache... Certains oiseaux doivent avoir les yeux crevés si on veut qu'ils chantent mieux.

Les "vertus monacales" dont parlent les dirigeants, c'est la soumission aveugle, le dévouement qui ne compte rien et l'acceptation brutale d'une discipline telle que les Russes ont l'impression de défendre quelque chose, lorsqu'on les mobilise.

N'est-ce pas qu'il faut laisser aux âmes l'espérance de quelque ciel pour arriver à un tel degré d'abnégation ? Qu'il faut une religion, quoi ?

*"Quand tu auras chassé les Dieux du ciel et de la terre,* écrit l'anarchiste Sébastien Faure, *quand tu te seras débarrassé des Maîtres d'en haut et d'en bas, quand tu auras accompli ce double geste de délivrance, mais seulement alors, ô mon frère, tu t'évaderas de ton enfer et tu réaliseras ton ciel !"*

Pauvres gens ! Comme elle est vaine, votre espérance ! Le seul geste de délivrance qu'il vous faille accomplir, c'est celui qui vous conduira à la vérité : **Veritas liberavit vos.**

---

## C. — Une contre-Église

Le démon met tout en œuvre pour que la vérité ne délivre pas les matérialistes. Après leur avoir donné une fausse religion, comme nous venons de le voir, il a soin de l'entourer de tous les artifices de la vraie. N'a-t-on pas dit de lui qu'il est le singe de Dieu

Il veut que la "contre-Église" soit l'imitation à rebours de l'Église du Christ qu'il veut renverser. Il a même donné à celle-là les notes qui caractérisent celle-ci, tout en respectant l'abîme qui sépare le bien du mal. Parce que l'Église est une, sainte, catholique et apostolique, la "contre-Église" sera une, perverse, internationale et léniniste.

### a). — L'unité

Dans le parti communiste, les sectes n'existent pas comme dans le fascisme, le libéralisme, etc : il est **un**.

Les moyens de salut prolétarien sont les mêmes partout et pour tous.

La doctrine ne souffre pas d'ajustement ni de controverse ; et si le déguisement est permis, ce n'est que pour mieux fondre toutes les sociétés dans un même dogmatisme.

La discipline est rigoureusement la même pour tous :

> *"Celui qui n'a pas été emprisonné n'est pas un vrai citoyen soviétique."*

Pour avoir été soupçonnés, d'acharnés révolutionnaires, comme Zinoviev, Radek, Yagoda, Kamenev, Tomsky, Piatakov, Toukhatchevsky, Sokolnikov, et autres, ont été impitoyablement jetés dans les ténèbres extérieures.

Enfin, l'unité d'autorité est absolue. Un dictateur terroriste enseigne, commande et condamne ; et ses décisions sont sans appel, même s'il veut avec Diderot :

> *"Des boyaux du dernier prêtre*
> *Serrer le cou du dernier roi."*

### b). — La perversité

Ayant accepté la mission de perdre les âmes, il serait difficile que le communisme ne fût pas *"intrinsèquement pervers"*, selon le mot du pape Pie XI.

Pervers dans son inspirateur Satan, qui est la personnification du mal.

Pervers dans ses fondateurs qui ont enseigné délibérément l'erreur et la corruption.

Pervers dans sa doctrine. Comme c'est prouvé qu'il est ennemi de Dieu, il faut qu'il soit, pour être logique, ennemi de tout bien qui n'a sa source qu'en Dieu. Nous verrons dans un autre chapitre, et à la lumière de la **Révélation bolchévique**, que la vérité, la morale, l'autorité, la famille, l'ordre, la paix, la patrie, la liberté, la justice, l'amour et la dignité humaine sont autant de beautés qui n'ont pas leur place en Bolchévie.

Enfin, le communisme est pervers dans ses moyens de conquête, ses propagandistes et ses résultats. En attendant d'autres preuves — elles viendront abondantes un peu plus loin, — qu'il nous suffise de citer deux petites phrases du fondateur :

*"Pour atteindre un but révolutionnaire, tout est permis."*
*"Pour faire cent soi-disant bolchévicks, il suffit d'un vrai communiste, à qui on adjoint 39 criminels et 60 imbéciles."*

### c). — L'universalité

Considérant que le progrès dépend de la chute du catholicisme et de l'étouffement du papisme (voir *Les Problèmes et les Méthodes de la propagande antireligieuse*, Moscou, 1923), les tenants du communisme se sont dit que l'Église universelle devait être combattue partout à la fois, et ils ont fondé la IIIe nternationale. Depuis 1919, grâce à cet organisme, la prédication du nouveau *"message de rédemption"* est officiellement lancée dans 67 pays.

Ainsi, la prédiction de Zinoviev est réalisée d'une certaine façon : c'est en 1925 qu'il voyait le jour proche où les cris révolutionnaires retentiraient d'un bout à l'autre du monde.

### d). — L'apostolicité

Si l'église vraie doit être apostolique, c'est-à-dire dépendre d'une autorité qui touche à telle des apôtres par une chaîne hiérarchique ininterrompue, le communisme, qui inconsciemment la contrefait, remonte aussi à ses premiers apôtres.

Il tient même, comme l'Église vraie, à son siège historique : la Rome de cette pseudo-religion est Moscou : *"Moscou sera la capitale de l'Union Mondiale Soviétique"*, est-il écrit dans la CONSTITUTION DE L'UNION SOVIÉTIQUE.

Le Vatican a sa contrefaçon au Kremlin d'où Staline dirige, comme **docteur universel**, l'antichrétienté internationale.

En un mot, non seulement le communisme est religieusement antireligieux, mais il est une église qui combat toute espèce d'église, une mystique qui est, d'après Trotsky, "*une mystification*".

---

# D. — C'est une philosophie

Ennemie de la civilisation spiritualiste, la mystique révolutionnaire a ouvert le feu contre toute les conclusions de la philosophie positive. Elle a poussé sa vaticination dans tous les domaines de la science rationnelle pour aboutir à une tout autre conception de l'univers et de la vie.

Non content d'être une religion sans Dieu, le communisme est une philosophie sans raison ultime : en partant du non-être, comme premier principe, elle s'éloigne de l'être dans la mesure de ses efforts. Partout, en tout et toujours, la négation est le dernier mot de ses traités.

C'est ici que nous allons justifier notre accusation de totale perversité portée contre le communisme.

## a). — Ennemi de la vérité [3]

La source de la vérité, c'est Dieu : "*Je suis la vérité.*" Comment le communisme pourrait-il chasser Dieu et garder la vérité, puisque les deux termes désignent le même être ?

---

3. — "*La lutte contre la vérité ne cesse jamais : l'esprit mauvais ne désarme pas, parce qu'il est un être qui hait. Tantôt il attaque de front, il nie Dieu et rejette toute religion. Tel font les sans-Dieu ou communistes, réédition posthume des albigeois ou cathares du treizième siècle, qui ne voulaient ni Église hiérarchique ni propriété privée ! Elle se répète toujours.*" (Extrait d'un communiqué de S. E. Mgr Gagnon, év. de Sherbrooke.)

Après avoir écrit que sa doctrine dépend étroitement du matérialisme de l'école française, Lénine ajoute :

*"La philosophie française du XVIIIe siècle et notamment le matérialisme français, ne furent pas seulement une lutte contre les institutions politiques existantes, ainsi que contre la religion et la théologie existantes, mais* **contre toute métaphysique.** *"*

(Lénine, — *Marc, Engels, Marxisme*, p. 15.)

Il dit ailleurs :

"Nous avons le devoir d'agir avec la dernière brutalité... par la terreur absolue que servira **la trahison, le manque de parole, le reniement de toute ombre de vérité.** "

(Prochaines tâches de la puissance soviétique.)

*"Il faut être prêt, écrit-il encore, à user de tous les stratagèmes,* à celer la vérité, *à seule fin d'accomplir malgré tout la tâche communiste. "*

Un de ses disciples français ne se gêne pas de dire que le mensonge est un droit :

*"Nous revendiquons le droit de nous servir de ces mots-protées pour le besoin du langage et selon les circonstances où nous avons à les utiliser. "*

(Elie Faure, — *Europe*, p. 451, 1937.)

Ce sont eux qui nous disent qu'ils sont des menteurs, et ils voudraient que nous les croyions...

## b). — Ennemi de la liberté

Où est l'esprit de Satan, là est l'esclavage, pourrions-nous dire en contraste avec cette sentence de S. Paul :

*"Où est l'esprit du Seigneur, là est la liberté. "*

(2 *Cor.* III, 17.)

Une doctrine que poursuivent les œuvres de ténèbres par la guerre à la vérité, doit à sa logique de combattre aussi les effets de la vérité, en particulier la liberté. Il n'y a donc plus de motifs d'étonnement à trouver sous la plume de Lénine des déclarations aussi catégoriques que celles-ci :

*"La souveraineté des Soviets ne connaît* **ni liberté,** *ni justice."* **"La liberté est une invention de la bourgeoisie,** *nous avons le devoir de détruire tout ce qui est bourgeois."*

Le 28 mars, 1875, Engels écrivait à Bebel :

*"C'est un* **pur non-sens que de parler d'État populaire libre ;** *tant que le prolétaire a besoin de l'État, il en a besoin, non pas pour sauvegarder la liberté, mais pour écraser ses adversaires ; lorsque le moment est venu de parler d liberté, l'État comme tel cesse d'exister."*

En attendant que nous parlions de la confirmation des faits, nous pouvons bien dire encore une fois, avec le pape Pie XI, que le communisme est une *"doctrine subversive de l'ordre social puisqu'elle en détruit les fondements mêmes, système qui méconnaît la véritable origine, la nature et la fin de l'État, ainsi que les droits de la personne humaine, sa dignité et sa* **liberté."**

(*Divini Redemptoris.*)

## c). — Ennemi de l'égalité

Dire à un diplômé (?) de l'ex-Université Ouvrière que le communisme condamne l'égalitarisme, se serait s'exposer à un examen commandé chez un aliéniste. Pourtant, il devrait ne pas l'ignorer, même si on lui a dit le contraire lorsqu'il s'est agi de l'embrigader : autrement Lénine pourrait lui crier du fond de sa tombe :

*"Ce disciple m'honore des lèvres, mais son cœur et sa tête sont loin de moi."*

Car celui qui écoute Staline écoute Lénine. Or Staline a écrit en 1934 :

*"Chaque léniniste — car il est disciple de Lénine depuis que celui-ci est mort — chaque léniniste sait que l'égalitarisme est une absurdité petite-bourgeoise réactionnaire."*

Si les Canadiens apprennent aujourd'hui que le communisme est ennemi de l'égalité, les Russes le savent depuis longtemps : dans la quinzaine qui suivit la mort de Lénine, cent mille personnes jurèrent fidélité, mais on refusa à cent mille autres de prêter le même serment, ayant été jugées insuffisamment détachées des croyances étrangères.

Les Russes ne peuvent pas ignorer que le parti communiste, le seul qui ait droit de cité, n'admet dans son sein que deux millions de membres sur un total de cent soixante-dix millions d'habitants, et que ceux-là sont les seuls à bénéficier du régime. Ce n'est pas au peuple russe que Céline apprendrait que *"toute la Russie vit au dixième de son budget normal... sauf la police, la propagande à l'étranger et l'armée"*... Céline croyait, avant son voyage en Russie, que l'égalité était une caractéristique du régime ; mais à son retour, il demande :

*"Pourquoi un ingénieur gagne-t-il 7.000 roubles par mois, tandis qu'on ne donne à un domestique que 50 roubles ?"*

Les témoignages et les faits qui disent la trop grande inégalité qui règne là-bas sont par millions. Mais même s'ils n'en parlaient pas, nous le saurions par le bon sens. Il y a trop d'inégalité dans la nature pour que le nivellement complet soit possible : dans l'ordre physique, les phénomènes contre nature sont physiquement impossibles ; dans l'ordre moral, les actes contre nature sont trop moralement improducteurs pour qu'on puisse en espérer des résultats acceptables.

C'est pourquoi la déclaration précitée de Staline ne peut surprendre que les égalitaristes rêveurs.

### d). — Ennemi de la morale

Avons-nous besoin de prouver qu'une philosophie athée soit *"dépourvue de tout frein intérieur !"*

L'élémentaire bon sens nous dit que le contraire serait une absurdité : d'où, en effet, pourrait procéder un ordre dont la source a été tarie ?

Aussi, logiques avec leur ontologie, les magistères de la monstruosité communiste se sont-ils eux-mêmes chargés de proclamer leur inique rupture avec les lois immuables de la morale.

*"Des motifs moraux,* dit Boukharine, *ne sauraient venir se mettre en travers de la révolution, car la morale n'est qu'un produit variable de la société...* **La classe** *est maintenant l'unique source de la moralité... Nous répudions toute moralité provenant d'une inspiration étrangère aux classes sociales, qui ne soit inspirée des intérêts de la lutte de classes du prolétariat."*

Que les disciples du communisme ne viennent pas nous dire qu'il ne s'agit ici que de la morale sociale et non de l'éthique générale : c'est Lénine lui-même qui va leur répondre à la page 66 de son livre *de la Religion* :

*"Nous disons que notre moralité est* **entièrement** *subordonnée eux intérêts de la lutte des classes du prolétariat...*

*"***La moralité***, c'est ce qui sert à annihiler l'ancienne société d'exploiteurs, et à unir tous les travailleurs autour du prolétariat, en fondant une nouvelle société communiste...*

*Pour un communiste,* **toute la moralité** *se trouve dans la discipline massive, solidaire, et dans la lutte consciente contre les exploiteurs.* **Nous ne croyons pas à une moralité éternelle,** *et nous démasquons le mensonge de toutes les fables au sujet de la moralité."*

Au cas où quelques têtus oseraient tenter une interprétation trop généreuse de cette clarté, Lénine récidive et insiste dans un discours qu'il prononça en 1920 au 3e Congrès panrusse des Jeunesses communistes :

*"Toute cette moralité empruntée à des conceptions extérieures aux classes ou même à l'humanité,* **nous la nions***...*

*"Notre moralité à nous est entièrement subordonnée à l'intérêt du prolétariat et aux exigences de la lutte de classes du prolétariat.*

*"Nous ne croyons pas à la moralité éternelle, nous dénonçons le mensonge de toutes les moralités légendaires...*

*"A la base de la moralité communiste est la lutte pour le*

*triomphe de l'affermissement du communisme, et c'est en même temps la base de l'éducation, de la formation et de l'instruction communiste."*

Si ce n'est pas assez clair, il reste encore une foule de textes que nous pouvons extraire des œuvres immorales de cet amoral. Livrons quelques échantillons trouvés au hasard dans un tas d'ordures :

*"La morale ?* **En politique, il n'y a pas de morale,** *il n'y a que l'utilité."*

*"Est moral tout ce qui est utile au parti."*

*"Pour atteindre un but révolutionnaire,* **tout est permis."**

*"C'est le pouvoir basé sur la force, et limité par rien,* **par aucune espèce de loi,** *par absolument aucune règle."*

*"Dans toute l'œuvre de Karl Marx,* **il n'y a pas une once de morale."**

Disciple des loges de Bavière, Lénine c'est montré bon élève. Il peut se vanter d'avoir puisé sa doctrine aux sources vives de l'Illuminisme, dont le fondateur, Weishaupt, a fixé les règles de moralité :

*"La fin justifie les moyens, a-t-il écrit. Le bien de l'Ordre des Illuminés* **justifie la calomnie, l'empoisonnement, le parjure, la trahison, la révolution,** *enfin tout ce que les préjugés des hommes appellent crimes."*

Voulez-vous connaître cette fin qui justifie de tels moyens ? Voulez-vous voir en même temps un peu le bord du fond de la malice hystérique ? Écoutez les précisions de Weishaupt :

*"Ne cessons jamais de corrompre et de semer le vice dans le peuple. Injectons le vice par tous les sens de l'homme, pour qu'ils en soient saturés.* **Nous avons entrepris la corruption en masse** *et cette corruption nous permettra un jour de coucher l'Église dans sa tombe.* **Notre but est la destruction du Catholicisme."**

Aberration ? Peut-être. Satanisme ? Sûrement. Seule la racine de tout mal, l'auteur de la mort, l'ennemi personnel de Dieu, peut mettre un tel monstre au monde.

## e. — Ennemi de la paix

Nous lisons dans les Psaumes que " *la vertu et la paix se donnent la main et marchent de pair comme deux sœurs jumelles.* " Et aussi : " *La justice et la paix s'embrasseront.* "

Il est bien évident que le communisme est trop loin de la vertu et de la justice pour donner la main à la paix, marcher avec elle, et surtout l'embrasser. Il aura beau emprunter de petits airs pacifiques et organiser des congrès mondiaux pour la paix, il ne sera pas pris au sérieux : car nous voulons croire avec Lamennais que " *la paix est le fruit de l'amour* ", et nous savons trop que le communisme est né de la haine pour croire qu'il ne veuille pas la guerre.

Mais ceci est un argument de raison qui ne pourrait avoir de valeur que pour les convaincus. Laissons même de côté le fait de la guerre en Finlande, au cas où les communistes voudraient nous prouver — ils sont capables de cette audace — que les Russes y ont usé du droit de légitime défense... [4] et contentons-nous d'exposer sèchement la pensée de la direction communiste.

Au cours de son VII<sup>e</sup> Congrès, tenu à Moscou en 1935, l'Internationale Communiste avait choisi le leitmotiv suivant :

"*Pour le front commun ouvrier contre le fascisme et la guerre.* "

Pourquoi alors M. Palme Dutt, bolchevik anglais délégué au dit congrès, déclare-t-il :

"*Nous sommes pour une Internationale syndicale unique sur la base de la lutte de classe ?* "

---

4. — Voici des échantillons de ce dont est capable la canaillerie communiste. Un hebdomadaire de propagande, le *Midwest Clarion*, de Winnipeg, ose écrire :

" *La honte de l'agression retombe toute sur la Garde Blanche de Mannerheim, et sur les gouvernements de l'Angleterre et des États-Unis, responsables du présent conflit... Devant une politique aussi déterminée d'agression, l'U.R.S.S., pour se défendre, n'avait plus qu'à faire appel aux armes...*

" *La simple vérité, c'est que l'U.R.S.S., en état de légitime défense et appuyée par les travailleurs de la Finlande, élimine le petit nid d'impérialistes installés en Finlande et établit des relations amicales avec le peuple finlandais* ".

(27 janvier 1940, p. 9.)

Est-ce que M. Dutt ignorerait que la lutte de classes n'est pas précisément la paix ?...

Mais il y a beaucoup mieux que la déclaration de M. Dutt.

> *"Notre mot d'ordre de paix est un mot d'ordre révolutionnaire. Le prolétariat a pour tâche d'éveiller dans les masses la volonté de* **transformer la guerre impérialiste en guerre civile.** *"*
>
> (Ereoli, *Rapport du VII congrès du Komintern*.)

> *"La reprise directe d'une action révolutionnaire d'envergure ne sera possible que si nous réussissons à exploiter les antagonismes entre les états capitalistes* **pour les précipiter dans une lutte armée.** *L'enseignement de Marx, Engels, Lénine, nous apprend qu'***une révolution sortira automatiquement d'une guerre générale avec ces États.** *Le travail principal de nos partis, frères communistes,* **doit consister à faciliter un pareil conflit.** *Ceux qui ne comprennent pas cela n'ont rien assimilé des enseignements du marxisme révolutionnaire. J'espère que vous saurez rappeler cela aux camarades dont vous dirigiez l'action. L'heure décisive pour nous est arrivée.* "
>
> (Staline, 20 mai 1938,
> au Présidium de l'Internationale communiste à Moscou.)

Ceux qui croient naïvement que la guerre actuelle est un coup de mort au bolchevisme, sous prétexte que la Russie y a déjà perdu son honneur, feraient bien de méditer longuement ce discours. Ils peuvent tenir comme certain que la perte de l'honneur ne sera pas regrettée par des hommes qui s'accommodent de la perte de Dieu. La mystique révolutionnaire est au-dessus de tous les biens qui manquent de matière, et il est historiquement prouvé que la somme de toutes les contradictions — et Dieu sait si elles sont légion dans le communisme — ne saurait changer les dispositions des véritables révolutionnaires. Est-ce que, par exemple, les membres des différents partis de la III Internationale, après avoir tant déblatéré contre Hitler, ont protesté à Moscou contre le mariage du communisme avec le nazisme ? Pas du tout. Jusqu'au matin des noces, ils ont accusé Hitler de vouloir la guerre et ils l'ont traité... un peu comme il le méritait ; mais en apprenant que Staline lui avait donné la main pour combattre le reste du monde, ils ont applaudi le geste de leur chef, — à qui ils concèdent gratuitement l'infaillibilité —, et ils ont crié sur tous les toits que le nazisme était un mouvement sauveur de civilisation.

Aussi ont-ils été unanimes à approuver le discours que Staline prononça le 19 août, devant le Politbureau, discours dont il faut retenir les passages suivants :

*"La paix ou la guerre ? Nous sommes absolument convaincus que si nous concluons un traité d'alliance avec la. France et la Grande-Bretagne, l'Allemagne se verra obligée de reculer devant la Pologne et de chercher un* modus vivendi *avec les puissances occidentales. La guerre pourra être évitée... Si nous acceptons la proposition de l'Allemagne de conclure avec elle un pacte de non-agression, l'Allemagne attaquera certainement la Pologne et l'intervention dans cette guerre de l'Angleterre et de la France deviendra inévitable.*

*"... Notre choix est clair : nous devons accepter la proposition allemande et renvoyer dans leur pays, avec un refus courtois, les missions anglo-françaises."*

L'évêque de Génève, S. E. Mgr Besson, avait donc cent fois raison de dire, en 1936, au sujet du Congrès International pour la Paix :

*"D'une part, nous sommes persuadés que le Congrès de Genève, comme plusieurs autres du même genre, n'aura aucun résultat pratique pour l'affermissement de la paix.*

*"D'autre part, le Congrès aura des résultats certains pour l'affermissement d'une idéologie politique et religieuse, contre laquelle, en conscience, ennemis de toute équivoque. Nous avons le devoir de lutter avec la dernière énergie."*

Nous n'aurions pas besoin d'ajouter que ces paroles ont soulevé, dans les rangs communistes, des protestations et des accusations : on y a dit que Mgr Besson avait peur de la paix, puisqu'il n'appuyait pas un congrès dont le but était de l'assurer.

Cependant, tous se sont bien gardés de publier ce conseil de Lénine :

*"N'écoute pas les bavards sentimentaux qui ont peur de la guerre : il y a trop de choses qui doivent être détruites par le fer et le feu dans l'intérêt de la classe ouvrière."*
(*Œuvres de Lénine*, Vol. XVIII, p. 276.)

Si encore la classe ouvrière avait la satisfaction de savoir que le parti travaille pour elle ! Mais non. Léon Blum lui-même lui enlève cette consolation :

*"Le Parti Communiste cherche non pas à enrôler les classes prolétariennes qu'il méprise, mais à trier dans leur sein une troupe de choc toujours mobilisée, une sorte d'armée de métier de l'insurrection."*
(*Bolchevisme et Socialisme*, p. 15.)

C'est bien cela : insurrection, destruction, érection du vide, absence totale de la volonté de servir. Le communisme se glorifie de n'édifier que le néant :

*"Les communistes considèrent qu'il n'est pas nécessaire de masquer leurs desseins. Ils déclarent ouvertement que leur objectif ne peut être atteint que par* **le renversement forcé de tout l'ordre social existant.** *"*
(Résolution adoptée à Moscou, en septembre 1928, au cours du sixième Congrès de l'Internationale.)

*"Le Communisme tend à faire naître d'une crise générale, d'une catastrophe quelconque. ce qu'il considère comme la conjoncture révolutionnaire. Or, la guerre se présente-évidemment comme la crise et la catastrophe par excellence... Il s'ensuit que le communisme* **souffle partout la guerre.** *"*
(*Bolchevisme et Socialisme*, par Léon Blum, p. 21.)

*"Les communistes doivent se conduire dans leur pays comme les soldats du Komintern en territoire ennemi"*,
exprime l'*Humanité* du 21 janv. 1932.

Voilà quelques-unes des nombreuses déclarations antipacifiques du communisme. Pourquoi insister davantage, sinon pour ajouter que la guerre civile Espagnole a coûté plus d'un milliard à la Russie ? Les *Izvestias* (Édition du 6 août 1936) ont avoué l'envoi au Frente Popular espagnol, par l'intermédiaire de la Banque d'État Soviétique, d'une somme de trente-six millions de francs français, comme première contribution à une guerre que la Russie avait elle-même préparée.

En un mot, les soviets versent du pétrole sur le feu de toutes les guerres, parce qu'ils représentent la guerre, parce qu'ils sont la guerre. Guerre à Dieu ! Guerre à la société ! Guerre au capitalisme ! Guerre à la morale ! Guerre à la famille ! Guerre à la liberté ! Guerre à la paix ! Guerre ! Guerre ! Guerre ! Tel est le stimulant qui empêche le bolchevisme de mourir.

## f). — Ennemi de la famille

La négation de toute morale, le communisme l'a fait entrer dans tout ce qu'il a touché. Malheureusement, il a touché à tout..., en particulier à ces deux faiblesses qui s'appellent la femme et l'enfant. Il les a bafouées comme un lâche. En cela encore il n'a que mieux prouvé sa haine de Dieu dont la famille dérive immédiatement. Elle était trop essentiellement d'ordre divin pour que les démons ne s'y attaquassent pas avec un acharnement particulier.

> *"Une fois qu'on a découvert,* écrit Marx, *que la famille terrestre est le secret de la famille céleste, c'est la première désormais dont il faudra faire la critique théorique et qu'il faudra révolutionner dans la pratique."*

Diaboliquement parlant, il a parfaitement raison : pour assujettir la société, rien de plus sensé que d'assujettir la cellule même de cette société, la famille : lutter contre la famille, mais n'est-ce pas lutter contre les élus qu'elle peut faire ? Rien donc de plus logique que l'enfer se charge de sa disparition.

Intercepter la vie, la restreindre dans sa source, la détourner de sa fin, putréfier ce qui en reste, sera l'objet de la particulière attention des communistes. En habiles possédés, ils se sont attaqués tout de suite à la seule protection de la vie et de la famille, le mariage indissoluble : c'est par tous les moyens qu'ils l'ont perverti et profané.

Encore ici, nous laisserons aux promoteurs de cette diabolique entreprise le soin de prouver, par leurs propres écrits, l'abîme sans fond de leur perversité :

"*La famille est un foyer de putréfaction bourgeoise.*"
"*L'amour des parents est un amour nuisible et antisocial.*"
"*L'homme et la femme ne sont que des animaux. Peut-il être question d'un lien indissoluble entre des animaux ?*"

(Bebel)

"*La femme est maîtresse de son cœur. Elle le partage avec qui elle veut. Une relation cesse de lui plaire, libre à elle de la rompre et de porter ailleurs son affection.*"

(Bebel, —*La Femme*, p. 192.)

"*Dans les engagements qu'elle contracte, elle n'a jamais égard qu'à ses propres penchants.*"

(*Idem.*)

"*Le mariage est une propriété privée et la pire de toutes ; il est une institution, absurde et immorale.*"

(Benoît Malon.)

"*L'important est d'abolir radicalement l'autorité du père et sa puissance quasi royale dans la famille. Les enfants ne sont-ils pas autant que les parents ? Pourquoi les commander ? De quel droit ? Plus d'obéissance, sans quoi plus d'égalité.*"

(Benoît Malon, — *Le socialisme intégral*, 1892.)

"*L'union, libre, voilà ce qu'apportera à l'homme et à la femme la société communiste.*"

(*La famille et l'État communiste*, Bibliothèque de l'Humanité, p. 21-22.)

"*Il faut que la femme se révolte et détruise les vieilles traditions imbéciles.*"

(P. Sémard, —*l'Humanité* du 8 oct. 1924.)

> *"La femme dans la société nouvelle jouira d'une indépendance complète... Cette union (le mariage) sera un contrat privé sans intervention d'aucun fonctionnaire.*
>
> *"Si entre deux êtres qui conclurent un pacte surgit l'indifférence ou l'antipathie, il est moral de dénouer leur liaison, aussi peu naturelle qu'elle peut être contraire aux mœurs."*
>
> (A. Bebel, — *La femme et le socialisme*, 1911, p. 666-672.)
>
> *"Il est impérieusement nécessaire que l'État reprenne son travail antireligieux systématique parmi les enfants. Non seulement nous devons rendre nos garçons et nos filles non-religieux, mais activement et passionnément antireligieux. L'influence de parents religieux à la maison doit être combattue rigoureusement."*
>
> (Kroupskaya, *Outchitelskaïa Gazeta*, 10 oct. 1929.)

Quoique nous ne devions pas confondre, aux points de vue politique et économique, socialisme, bolchevisme et anarchisme, nous avons toutes les raisons du monde de les fondre, au point de vue moral, dans le même corps mystique de l'antéchrist. C'est pourquoi nous n'avons aucune sorte de scrupule à accoler aux déclarations précitées celle du sinistre Calles, assassin du Mexique.

> *"Nous devons entrer dans les consciences,* dit-il, *et en prendre possession, surtout des consciences des enfants et des consciences de la jeunesse. Il faut que les enfants et la jeunesse appartiennent à la Révolution... L'enfant appartient à la communauté, à la collectivité, et c'est le devoir rigoureux de la Révolution d'attaquer dans ce secteur, de déposséder ces gens-là des consciences, de déraciner les préjugés* (la religion.)"

Si le socialisme et le communisme n'ont pas encore osé sanctionner la socialisation des femmes, dans les pays conquis par eux, ils ne pénètrent pas moins les masses de cette idée qui doit devenir une réalité : Quiconque essaie de défendre une femme contre un assaut indécent manifeste, à leur point de vue, une nature bourgeoise, et défend la pire des propriétés privées. S'opposer au viol, c'est saboter la révolution d'Octobre. Chestov, cité par *Outchitelskaïa Gazeta* du 10 octobre 1932, affirme que "*le viol n'est qu'un préjugé bourgeois.*"

Intéressés à tarir toutes les sources de fécondité, les communistes ont porté de rudes coups contre la source de fécondité humaine : toutes les pratiques anticonceptionnelles ont été enseignées et sanctionnées par eux, depuis le viol jusqu'au néomalthusianisme.

"*L'amour libre et le désordre sexuel sont choses bourgeoises et n'ont rien à voir avec les principes socialistes, la morale et les normes d'un homme normal*", écrit *Pravda* du 28 mai 1936.

L'année précédente, le même journal écrivait :

"*En principe, la femme a, en U.R.S.S., exactement les mêmes droits que l'homme, et sans aucune restriction. Mais on en profite pour se dispenser de toute obligation à son égard et, sous couvert de la camaraderie, règnent la goujaterie et le cynisme. Dans cette atmosphère, les rapports entre l'homme et la femme s'avilissent, la signification réelle du mariage disparaît. Le mariage n'est plus un événement : une séance de cinéma, un déjeuner, le paiement de sa cotisation syndicale sont des actes quotidiens ayant exactement la même valeur l'un que l'autre.*"

Le divorce n'est pas davantage un événement : en Russie, du 1er janvier 1929 au 1er octobre de la même année, sur 20.000 mariages, les soviets ont compté 16.000 divorces.

En 1935, il y avait, à Moscou, 44 divorces pour 100 mariages, d'après *Izvestia* du 4 juillet.

"*A Léningrad, la majorité des mariages dure de 7 jours à 1 mois*", dit la *Léningradskaïa Pravda* (n° 15, 1936.)

Ces dénonciations avouent tragiquement les conséquences d'une politique qui hait la beauté de la famille, ce petit laboratoire où se prépare, par l'éducation, chacune des pièces de l'édifice social. On ne veut pas et on ne peut pas vouloir que l'apprentissage de la vie se fasse sous les soins de l'amour : ce serait trop hygiénique et, par conséquent, trop anticommuniste. Et c'est bien pour cette raison que Boukharine lance cet affront à la face de la maternité :

*"Parmi cent mères, une ou deux, peut-être, sont aptes à être éducatrices."*

(L'*A. B. C. du Communisme.*)

Le démon sait bien, voyez-vous, que la révolution devra sa survie à la pourriture de l'enfance. C'est pourquoi, "*affranchir les enfants des influences réactionnaires de leurs parents, voilà un devoir capital pour le gouvernement prolétarien.*"

*Le Manifeste Communiste* de Marx est effrontément explicite là-dessus :

*"Nous reprochez-vous, dit-il, de vouloir mettre un terme à l'exploitation des enfants par leurs parents ? Oui, nous faisons l'aveu de ce crime."*

Le Parti n'a pas d'objection à ce que les parents gardent certains devoirs envers les enfants, mais il se réserve absolument tous les droits.

Mais les devoirs, même les plus élémentaires, comment les gangrenés du régime pourraient-ils les accomplir ? Les *Izvestias* de 1925 (n° 239) nous parlent, par exemple, d'un homme qui a une vingtaine de femmes et des enfants de presque toutes : comment alors la direction du journal peut-elle se surprendre du fait qu'on ne puisse "*recevoir quoi que ce soit d'un tel homme pour élever les enfants ?*"

Peut-on encore s'attendre aux tendresses paternelles d'un papa qui avoue 118 unions libres et, l'enregistrement civil de la 119<sup>me</sup>, comme on peut le lire dans *Pravda* du 10 mars 1925 ?

Les *Izvestias* (n° 241, 1926) nous ont appris que le procureur général de Samara a refusé de poursuivre un père qui avait eu trois enfants de sa propre fille, en donnant la raison si peu raisonnable :

*"Nous ne devions pas nous traîner à la remorque des préjugés bourgeois."*

Tout ça veut dire que seules les dupes ne seront émues d'apprendre qu'il y a en Russie un établissement destiné au relèvement des prostituées. Car la cloison n'est pas épaisse entre la prostitution et le concubinage légal ! Criez aussi fort que vos poumons vous le permettront :

"L'enfant, tout pour l'enfant !"

Nous, nous savons que l'humanisme ne peut pas vivre en dedans des frontières russes, quelque tapage que les Soviets puissent faire autour des pompes et des œuvres du commissariat de l'Instruction publique ! Les traditions y sont mortes, la culture y repose sur le néant et l'éducation sur -le grotesque ! Donnons donc seulement un exemple :

De peur que la disposition des astres ne brave la négation communiste, que l'ordre merveilleux des révolutions célestes ne démentisse son explication de la nature, les astronomes ont reçu l'ordre sévère de corriger le langage des cieux : il faut que le professeur, enseigne Zarianow :

*"donne à son exposé une direction antireligieuse, sans quoi l'effet sera le contraire de celui qu'on cherchait."*

Lâche qui a peur de la vérité au point qu'il considère comme une *sédition* l'extase d'un savant devant l'œuvre du Créateur !

C'est loin de ressembler à la sereine attitude de l'Église en face de la science ! Le pape sait bien, lui, que la vraie science mène à Dieu, et il ne craint pas de la promouvoir. Voici ce qu'il disait au début de 1940, à l'occasion de la nouvelle année de l'Académie pontificale des sciences :

*"La science est fille de la nature. Elle est aussi fille de Dieu, et le pouvoir donné par la Providence à l'homme de monter jusqu'à Dieu par l'échelle de l'univers, afin que la raison et la science puissent rendre un commun hommage à Dieu, est un pouvoir magnifique."*

Mais un pouvoir aussi magnifique ne peut pas être désiré par les ennemis de Dieu. Ils préfèrent plutôt la totale ignorance : un pays où, comme nous venons de le voir, les savants n'écrivent que sur mesure et seulement pour remplir des *"commandes sociales"*, peut-il se vanter de promouvoir vraiment le culte du savoir ? Est-ce le souci de la dialectique qui invite la jeunesse à se glorifier d'une origine aussi basse que possible, afin de se faire admettre dans les écoles supérieures ? Etait-ce pour mieux prouver sa valeur artistique que le poète Demian Bedni, dans son autobiographie, tire vanité d'être le fils d'une prostituée de village et de pères aussi nombreux qu'indéterminés ? Sont-ils exigeants, les professeurs de l'école de Broussovo, quand ils accordent la mention *"Très bien"* à un élève qui a fait 50 fautes dans une dictée de 100 mots en langue russe, ainsi que l'avoue *Izvestia* (3 Janv. 36) ?

Avant d'être une maison d'instruction, l'école rouge est un lieu de perversion où est prônée la promiscuité, "*une école de dévergondage systématique et prémédité*", comme écrivait M. J. Douillet dans *Moscou sans voiles*.

Un journal russe nie que le niveau moral soit si bas dans les écoles. Pour le prouver, il confesse naïvement qu'une lutte contre la prostitution a été récemment organisée parmi les élèves. Il ne nous reste plus qu'à tirer l'échelle...

## g). — Ami de la terreur

> *"L'amour chrétien est un obstacle au développement de la révolution. Nous devons apprendre à haïr, et alors seulement nous conquerrons le monde."*
>
> (Lunarcharski)

Voici que le communisme, après nous être apparu ennemi de tout, va se montrer ami de quelque chose. Après avoir répudié la divinité, la vérité, la liberté, la morale, la famille, etc., il souhaite la bienvenue au fer, au feu, au sang, à la dynamite, à la boue, enfin à tout ce qui détruit et salit.

Nous avons vu qu'il appelait la guerre de tous ses vœux, mais il ne nous a pas encore dit avec quelle intensité de malice. Nous allons lui en donner la chance.

En attendant qu'il parle officiellement, n'oublions pas que le bolchevisme est infernal et que, par conséquent, il ne peut pas préconiser une guerre... J'allais dire humaine, si atroce qu'on la puisse supposer. Ayant installé sa mystique sur une base de haine, le révolutionnaire athée mettra du fiel, de la rage, de la sauvagerie et de l'enfer dans ses explosifs.

Écoutons seulement un peu l'écho des détonations qu'ils font, en commençant par le mot d'ordre aux exécuteurs :

*"Tuer, pas de violence, mais la mort."*
*"Il faut fusiller, fusiller et fusiller"*, hurle Staline.
(Pravda, 11-XII-32.)

*"Fusiller un, c'est terroriser cent"*, enseigne Djerzinsky, fondateur de la Tchéka.

*"Même les amis, même les camarades doivent être terrorisés"*, prétend Iejov, ex-chef des policiers russes.

*"Les communistes ne doivent pas renoncer à là terreur ; nous étions des terroristes au début de la révolution et même avant, et nous le resterons toujours"*, affirme Zinoviev
(discours de Haller, 1920.)

Remarquons qu'il n'est pas question de modifier cette disposition sanguinaire.

*"Nos cœurs doivent être de fer trempé dans les souffrances et le sang des soldats de la liberté"*,
lisons-nous dans *Krasnaya Gazeta* du 31 août 1918.

*"Les millions d'êtres humains dont j'ai besoin pour faire mon expérience sociale ne valent pas plus à mes yeux que des millions de cochons d'Inde"*,
assure Lénine, le sauveur des masses opprimées...

*"Nous disposons de l'oppression. Nous avons le devoir d'agir avec la dernière brutalité... par là terreur absolue, que servira la trahison, le manque de parole, etc."*,
écrit le même sauveur dans<br/>Les prochains devoirs de la puissance soviétique.

> *"Il est nécessaire de détruire d'une façon implacable nos ennemis, sans porter attention aux soupirs et aux larmes des humanistes professionnels",*
>
> d'après Maxime Gorki.
>
> *"Que nos cœurs soient cruels, durs, fermés à la merci, de sorte qu'ils ne frémissent même pas à la vue d'une mer de sang",*
>
> ordonne un rédacteur de Krasnaya Gazeta (ancien journal officiel du *Soviet des Ouvriers*), le 31 août 1918.
>
> *"Cela signifie un pouvoir de fer qui étrangle la bourgeoisie et les propriétaires fonciers, et bâtit sur leurs ruines le pouvoir du prolétariat",*
>
> ajoute Boukharine.

Devant cette charge écrasante de dépositions effroyables, si nous demandons aux communistes la raison de tant de folie, ils nous répondront avec Lénine :

> *"Vous imaginez-vous que nous sortirons vainqueurs de la lutte sans la plus impitoyable terreur révolutionnaire ?"*

Et dans sa rage d'assassin, Krylenko, qu'on a surnommé le Fouquier-Tinville soviétique, finira de nous déconcerter en criant :

> *"La grande erreur des bolchévicks a été de ne pas avoir fusillé assez de monde."*

Dans son ouvrage : *L'insurrection, armée*, A. Neuberg nous laisse entendre qu'il est de cet avis :

> *"Les combats de rues*, écrit-il à la page 226, *tendant à l'extermination physique de l'ennemi, portent un caractère absolument implacable. Toute humanité manifestée par le prolétariat pendant la lutte armée à l'égard de son ennemi de classe ne fait que créer des difficultés nouvelles et peut entraîner, en cas de conditions défavorables, l'échec du mouvement."*

A la page 215, Neuberg avait posé comme principe que la victoire du communisme ne pouvait pas être assurée par un autre moyen que la violence :

> *"Les masses doivent savoir qu'elles vont à une lutte armée sanglante et désespérée. Le mépris de la mort doit se répandre dans les masses et assurer la victoire. L'attaque et non la défense doit être le mot d'ordre des masses, l'extermination impitoyable de l'ennemi, leur objectif."*

Quand on aime la société, on travaille à son amélioration et on corrige en elle les défauts qui nuisent à son normal épanouissement ; mais il n'en est pas ainsi dans le communisme : quand il travaille à une réforme, ce n'est pas pour réparer, c'est pour briser (avec un prétexte de reconstruction.)

Staline l'exprime assez clairement quand il dit :

> *"La classe ouvrière ne peut pas s'emparer simplement de la machine gouvernementale toute faite et la mettre en mouvement pour ses propres fins... La révolution prolétarienne ne doit pas transmettre la machine militaire, policière, bureaucratique d'une main dans une autre, mais la briser."*

De toute cette doctrine de terreur, il nous reste l'impression que le bolchevisme tire toutes ses conclusions... au fusil ; que la construction ne lui dit rien ; qu'il ne vise qu'à un résultat, la liquidation.

Avec S. E. Mgr Gauthier, il faut le répéter :

> *"Ce que l'on ne dit pas assez, c'est que le communisme est inspiré et poussé à l'action par la haine.*
> *"Partout où il pose ses pas, la haine lève comme de croissance naturelle. On dirait qu'elle fait le fond de sa mystique."*
>
> (*Lettre pastorale*, 1 oct. 1936) .

De tels principes, il va de soi, ne sauraient avoir d'autres résultats que ceux catalogués par l'histoire des révolutions communistes et qui sont simplement inhumains. Il ne serait d'ailleurs pas naturel qu'il en fût autrement : car — le pape Pie XI l'affirmait dans ses vœux de Noël, en 1938 — *"cela n'est pas réellement et pleinement humain qui n'est pas chrétien, et cela est inhumain qui est antichrétien."*

Dans son encyclique *Divini Redemptoris*, après avoir parlé des massacres perpétrés en Russie, au Mexique, en Espagne, et cela "avec une haine, une barbarie, une sauvagerie qu'on n'aurait pas crues possibles en notre temps", le pape a clairement dit qu'ils sont des conséquences logiques du piétinement de la loi naturelle :

*"On ne peut dire que de telles atrocités soient de ces phénomènes passagers qui accompagnent d'ordinaire toute grande révolution, des excès isolés d'exaspération, comme il s'en trouve dans toutes les guerres ; non, ce sont les fruits naturels d'un système dépourvu de tout frein intérieur... Lorsque du cœur des hommes l'idée même de Dieu s'efface, leurs passions débridées les poussent à la barbarie la plus sauvage."*

C'est ce que nous allons voir dans le chapitre suivant.

# CHAPITRE DEUXIÈME

## LES RÉSULTATS

> *"Mais vient le moment où triomphe l'inéluctable loi qui frappe tout ce qui a été construit sur une disproportion."*
>
> Pie XII. — Summi Pontificatlis.

Il était tout à fait inutile d'attendre la confirmation des faits pour savoir que les fruits d'une doctrine aussi pourrie que celle que nous venons d'étudier ne peuvent pas exhaler des odeurs agréables.

En essayant orgueilleusement de renverser le plan divin, en mettant dédaigneusement de côté les grandes lois naturelles, providentielles, morales et sociales, ces peuples présomptueux et naïfs ont invariablement multiplié à l'infini les maux et les peines qu'ils voulaient conjurer.

Ils auraient pourtant dû savoir qu'on ne remet pas sur pied une société qui boite en lui coupant les jambes... Cette sorte d'intervention chirurgicale a toujours donné l'incapacité permanente.

Mais la Russie, en particulier, n'a pas voulu écouter les enseignements de l'expérience : elle a exigé la grave opération de l'amputation, raisonnant un peu comme le patient qui allait se faire enlever les jambes à l'hôpital, et qui se consolait en disant :

*"Le seul moyen de me prolonger, c'est de me faire raccourcir."*

La Russie ne s'est pas contentée de ce raisonnement : il n'était pas assez dépourvu de logique. Elle a plutôt commis la naïveté de l'idiot à qui on avait fait croire que la science avait trouvé le moyen de refaire un porc vivant avec de la saucisse : elle a cru béatement que des charlatans pouvaient la hacher toute pour refaire avec le hachis une autre Russie, une Russie rénovée, belle, glorieuse, assainie.

Qu'ils sont étourdie les peuples qui la veulent imiter, parce qu'ils croient la même chose ! Quand donc apprendront-ils que la toute-puissance du bolchevisme, ce n'est pas de pouvoir créer, mais seulement d'anéantir ?

Quand donc comprendront-ils ce que le pape Léon XIII écrivait, en 1884, dans son encyclique *Humanum Genus* ?

*"Lorsque les hommes s'attaquent à l'ordre providentiel établi, par une juste punition de leur orgueil, ils trouvent souvent l'affliction et la ruine à la place de la fortune prospère sur laquelle ils avaient témérairement compté pour l'assouvissement de tous leurs désirs."*

La bêtise faite homme a prétendu que ce devait être le contraire, et elle s'est obstinée à vouloir construire sur les ruines mêmes de la divinité. Aussi quelle déconvenue ! Car l'Esprit Saint avait raison :

*"En une nuit tout changera pour eux, et ils pousseront des hurlements comme des chiens affamés"*

(*Prov.* XII, *16.*)

*"Tu dis : je suis riche et dans l'abondance, et je n'ai besoin de rien ; et tu ne sais pas que tu es un malheureux, un misérable, pauvre et nu ?"*

(*Apoc.*, III, *17.*)

C'est ce qu'a dû avouer le peuple russe quand, dégrisé par les effets mêmes de sa fureur, il a constaté les mutilations qu'on lui avait infligées. Trop tard, malheureux ! Tu es maintenant un troupeau qu'on continuera à pousser vers l'abattoir où des champions tueurs t'ouvriront les veines !

Ce peuple a cru qu'avant de lui demander son sang, on en ferait l'analyse, et que seul celui des bourgeois serait appelé à féconder le sol commun. Quelle erreur !

## a). — La tuerie

Sur 1.900.000 personnes sauvagement tuées de 1918 à 1923 — premier plan quinquennal de la boucherie générale, — on compte 1.400.000 prolétaires (ouvriers, paysans et soldats) ; en voici le détail :

**La famille impériale,**
    8.115 prêtres,
    6.575 professeurs et instituteurs,
    8.800 médecins,
  54.834 officiers,
260.000 soldats,
105.000 officiers de police,
  48.000 gendarmes,
  12.850 fonctionnaires,
350.000 intellectuels,
192.000 ouvriers,
815.000 paysans.

Pourquoi Lénine a-t-il fait tuer plus de paysans que d'ouvriers ? Par souci d'égalité numérique professionnelle ? Oh non ! Peut-être seulement parce que *"la voix d'un seul ouvrier vaut plusieurs voix de paysans"*, comme il disait en 1921 ? Mystère. Mais ce que nous savons, c'est que c'est le sang du prolétaire qui a surtout rougi le sol soviétisé.

Et malgré que nous ayons plus haut une statistique de cauchemar, nous avons toutes les raisons de croire qu'elle soit bien au-dessous de la vérité : on s'accorde partout à affirmer qu'au moins 5.000.000 de vies humaines ont été sacrifiées aux cinq premières années de la révolution, c'est-à-dire sous le règne de Lénine.

Le règne de Staline est encore — et de beaucoup — plus cruel. C'est *Pravda* (11 Dec. 32) qui prétend que seule la collectivisation du village a affecté plus de 5.000.000 de personnes. Le marseillais dirait : *" Les soviettes, ils se vann'tent... "*

Pourtant, ils sont loin d'exagérer — ce n'est d'ailleurs pas leur intérêt politique — : En 1921, une effroyable famine sévit en Russie ; elle fit mourir de faim 11.000.000 d'hommes, de femmes et d'enfants. Qu'on se rappelle tout simplement l'intervention des évêques de l'Ukraine et du pape Benoît XV qui sonnèrent dans le monde entier le tocsin de la détresse russe et leurs appels au secours des populations mourant de faim. En attendant que nous montrions comment les soviets ont accueilli ce geste de sauvetage, disons tout de suite que 150.000 vies ont été épargnées par la charité.

En 1932, une autre famine a fait, d'après l'archevêque de Canterbury, 6.000.000 de victimes.

On comprend sans démonstration que de telles trouées aient eu des suites lamentables. Une des plus émouvantes est celle des enfants abandonnés. Ceux dont les parents sont morts de privations errent en bandes — à l'aventure — à travers le pays, en quête de nourriture. Ils se livrent à toutes sortes de brigandages et sont si nombreux que d'après les *Izvestias* du 29 décembre 1934, ils dépassaient le chiffre de 10 millions en 1929. De nos jours, le régime prétend qu'il n'en reste que 3 millions.

### b). — Le massacre des innocents

Que pouvait-on attendre de la promiscuité que leur avait imposée le régime, sinon la dépravation la plus complète ? Elle n'a rien d'étonnant la déclaration des soviets, à savoir qu'en 1932 le gouvernement de l'U.R.S.S. ait enregistré 26.000 crimes graves commis par des mineurs, dont 20 % étaient des enfants de 8 à 12 ans ; et cette autre du président du Tribunal de Moscou qui certifiait en novembre 1926 qu'on avait enregistré, dans la capitale, plus de 5.000 délits de Khouliganisme en un seul mois. Les khouligans sont ces enfants abandonnés au sort des animaux sauvages.

> *"Petits, ils sont obligés de mendier pour ne pas mourir de faim ; plus âgés, ils prennent de force ce qui leur est indispensable à la vie."*
>
> (*Komm. Prosv.*, 18 mars 1935.)

En 1927, Mme Kroupskaïa (femme de Lénine) reconnaissait que des millions d'enfants errants, affamés, déguenillés, mourant de faim et contaminés, indiquaient une conséquence du régime ; et elle déclarait que le problème des enfants était " *le plus aigü, du présent gouvernement.* "

Voici ce que raconte un témoin oculaire :

> *"J'ai vu vivre des enfants abandonnés, à Léningrad et à Moscou, dans des égouts, dans les caveaux des cimetières, dans les urinoirs, voyager sur les toits des wagons ou dans des caisses, sous les wagons. A pied, le long des routes, blottis sous des litières chaudes et puantes, ils descendaient au printemps des grandes villes vers les contrées chaudes. Ni Dickens, ni Jack London n'ont rien écrit de comparable aux remous de leur existence. Les maisons d'enfants refusent du monde et l'on n'y est pas nourri. Ils préfèrent crever en liberté. La plupart deviennent criminels naturellement."*
>
> (Victor Serge, *Destin d'une révolution*, p. 39, 1937.)

Ceux qui pensent que ces sortes de désordres sont tout à fait corrigés, feraient bien de se demander pourquoi le décret du 7 avril 1935 qui, "*pour liquider le plus promptement la criminalité parmi les mineurs*", décide d'appliquer les rigueurs de la peine capitale aux enfants, à partir de douze ans, convaincus de vols, violences, assassinats ou tentatives d'assassinats.

Pourquoi l'État soviétique prend-il de telles mesures, s'il n'est pas scandalisé de son œuvre, et s'il ne recule pas d'effroi devant la capacité criminelle de ses propres enfants ?

Les sauvages qui ont voulu cela sont maintenant obligés de traquer leurs enfants comme des bêtes fauves. Si le mot paraît trop fort, justifions-en l'emploi par le fait que rapporte un journal russe :

> *"Ne pouvant supporter le traitement qui leur était infligé, trente enfants de l'École Modèle "L'Éducation par le Travail", de Léouchinsky, s'enfuirent au début de cette année dans les forêts voisines. On ne les cherche même pas. Mais en juillet, 140 enfants sur un total de 250 s'enfuirent à leur tour. Directeur et instituteurs se mirent alors à faire le chasse aux enfants dans les bois, les poursuivant à coups de fusil. Longtemps après, "l'infirmerie de l'école était encore remplie des gémissements des enfants blessés." Les autorités approuvèrent cette façon d'agir du directeur."*
>
> (*Za Komm. Prosv.*, 30 juillet 1935.)

Que ne dirions-nous pas aussi de la chasse aux enfants qui n'ont pas encore vu le jour, si nous pouvions consulter toutes les statistiques à ce sujet ? Le rapport du Commissariat de la Santé publique, en 1934 et 1935, nous en donne cependant une suffisante idée :

> *"En 1934,* disent les *Izvestias* du 12 juillet 1936, *il y eut à Moscou 57.100 naissances et 154.584 avortements.*
> *"En 1935, il y eut dans la même ville 70.000 naissances et 155.000 avortements."*

## c). — La chasse aux adultes

Pour ne donner également qu'un exemple de la chasse aux hommes, chasse qui a déjà 23 ans d'âge, citons le témoignage de M. Roland Dorgelès, écrivain français :

> *"Ainsi, en 1935, sans que l'Europe en ait entendu la rumeur, 90.000 habitants de Léningrad ont été déportés. Des Blancs et des Rouges, au hasard. Ouvriers et anciens bourgeois, trotskistes et ci-devant mêlés. On voulait faire peur."*
>
> (*Vive la Liberté*, p. 172.)

Parce que les bourgeois sont en casquettes, comme les ouvriers, cela ne veut pas dire que l'État russe soit en équilibre et à l'abri des premières convulsions du régime...

Parce que les femmes "*ont exactement les mêmes droits que l'homme*", cela veut dire qu'elles en ont aussi les devoirs et que l'économie forcée de l'U.R.S.S. réclame leurs efforts comme ceux des hommes. Déjà en 1933, au-delà de 7.000.000 de femmes étaient contraintes au relèvement économique national, en Russie : c'est du moins une prétention du *Journal de Moscou* (12 octobre 1934.)

Laissons toujours aux communistes les bénéfices de tout doute en leur permettant de dire eux-mêmes ce qui se passe "*au paradis terrestre*" des travailleurs :

*"Dans l'industrie lourde, la, proportion des femmes employées en 1934 à des travaux non-qualifiés atteignait 65 %, tandis qu'elle n'était que 23 % des ouvriers utilisés pour des travaux qualifiés."*

(Za Industrializatziou, 24 août 1935.)

*"Dans l'industrie du bâtiment, le nombre des femmes utilisées pour le portage des matériaux est passé de 66.000 en 1932 à 391.000 en 1935."*

(Ibidem, 8 mars 1935.)

*"Dans l'industrie métallurgique, la proportion des femmes occupées atteint 26 % du, personnel. Dans l'industrie minière, ce chiffre est de 24 %.*

(Pravda, 22 déc. 1936.)

*"Le nombre des femmes employées dans l'agriculture atteint, dans certaines régions, 70 et même 75 % du nombre total des travailleurs !"*

(Pravda, 5 déc. 1935.)

*"Les chefs communistes obligent même des femmes enceintes à porter des fardeaux de 75 Kilos et à travailler jusqu'au dernier jour, de telle façon qu'il leur arrive parfois d'accoucher même dans les champs, souvent avant terme."*

(Molot, 5 fév. 1936.)

Évidemment, nous ne lisons pas ces énormités dans les journaux de propagande qui ont encore intérêt à "*masquer la vérité*" :

Par exemple, nous lisons dans *L'Humanité* du 28 nov. 1936 que *"la santé et la joie de vivre heureux au pays du socialisme se lit sur les visages gracieux des femmes soviétiques."*

C'est aussi ce qui se lisait sur les photographies mensongères dont la propagande orna les murs du pavillon russe à l'exposition universelle de Paris et de New-York. Faut-il être effronté pour se moquer ainsi du monde entier ! *"Mentez, mentez, il en restera toujours quelque chose"*, a dit Voltaire. C'est ce à quoi s'appliquent les propagandistes sans vergogne du communisme *" ennemi de la vérité "*, parmi lesquels se classe bon premier le journal *L'Humanité*.

Si *L'Humanité* avait le moindre désir de servir l'humanité, elle dirait tout simplement :

*"La Russie est un vaste pressoir dans lequel on écrase comme des raisins des millions d'êtres humains."*

## d). — Cherté de la vie

Jean Jaurès, socialiste français, était inspiré du plus pur esprit socialiste lorsqu'il écrivait, sous forme de question, la prophétie suivante :

*"Pensez-vous que le veau d'or se jettera dans une fournaise de charité et qu'il s'éparpillera, ensuite aux mains des pauvres, en une éblouissante monnaie ?"*

Ce qui revient à dire qu'il ne serait pas tout à fait normal qu'un important syndicat de voleurs s'organisât pour venir en aide aux malheureux...

En tout cas, ce n'est ni Léonidas Krassine (premier Commissaire du Peuple aux finances de la Russie), ni Bela Kuhn (dictateur communiste de Hongrie en 1919) qui pourraient prouver le contraire. Le premier, en effet, profita de sa situation importante pour voler une fortune telle, qu'il a pu donner à sa fille une dot estimée en Italie à 212.000.000 de lires, lorsqu'il la maria au duc de la Rochefoucauld, il y a quelques années. Et qu'on n'aille pas croire que Krassine n'ait rien gardé pour lui...

L'autre, celui qui régna tyranniquement sur la Hongrie pendant 133 jours, volait également à son compte... Assassin 80 fois — du moins, c'est ce dont il s'est vanté — et voleur à main armée 19 fois, il a fait passer en Autriche et en Allemagne 197.000.000 de couronnes pour les mettre en sûreté. Avec ses acolytes, il en a distribué 23.000.000 à ses amis, afin de se mettre lui-même en sûreté : car les quatre courriers à qui il confiait les coffrets de devises et de bijoux volés aux Hongrois, n'auraient pas indéfiniment permis que toute la besogne se fît au nom de la nationalisation...

Madame Kuhn, plus inoffensive, se contentait de voler des cuillers... Le personnel de l'hôtel Ritz, à Budapest, a trouvé seulement 3.000 ustensiles d'argent dans ses nombreuses malles...

Mais comme *"l'égalitarisme est une absurdité réactionnaire petite-bourgeoise"*, il va sans dire que tel n'est pas le lot des prolétaires. Pour eux, on a institué quelques officines d'iniquité qui majorent arbitrairement le prix du cube d'air, du rayon de soleil, du petit coin de terre et de la misérable cabane où on leur permet encore de vivre. Laissons à un témoin la tâche du détail. Après avoir écrit que la rouble est coté en Bourse noire à *"un peu moins de 90 centimes"*, M. Roland Dorgelès, dans son livre *Vive la Liberté* (p. 33), continue :

> *"Le beurre : 10 roubles la livre. La viande : de 10 à 12 roubles le kilog. Le lait : un rouble et demi le litre. Un œuf : 55 kopeks. Je n'ai trouvé que deux produits à bon marché : le caviar et le rouge à lèvre. Mais je te prie de croire que les travailleuses n'en consomment pas beaucoup. Le vin de table ordinaire : 10 roubles. Un ressemelage : 60 roubles. Une robe de cotonnade : 300 roubles. Si tu tiens à ce que le rouble se multiplie par trois, je ne veux pas t'en empêcher, mais alors cela jouera également pour les dépenses, et ton camarade aux cent*

*roubles par mois devra payer une chemise 75 francs, une paire de mauvais souliers 500 francs, et au lieu de manger une soupe le soir, il mangera son pain sec. Du noir. A un rouble le kilo.*"

A la page 36 du même ouvrage, l'auteur affirme que le chômeur de son pays " *est mieux payé qu'un travailleur soviétique.*"

Il faudra longtemps souffler de l'enthousiasme condensé dans les âmes russes, si l'on veut que le peuple soit satisfait : car ce n'est pas facile de prouver à quelqu'un qu'il respire à l'aise quand en réalité il étouffe. Le secrétaire du parti communiste en Ukraine a peut-être raison quand il déclare, à grand bruit de trompette, que les paysans de son pays ont gagné deux milliards huit cent millions de roubles en 1937. Mais qu'il ne prétende pas que ce soit là un succès : c'est plutôt l'aveu du fiasco le plus absolu. Le calcul est facile à faire : il y a 20.000.000 de paysans qui travaillent sur les fermes de l'État ; une petite opération arithmétique nous force à conclure que chaque paysan ukrainien a reçu 140 roubles en 1937, c'est-à-dire juste ce qu'il faut pour acheter 35 livres de sucre à 4 roubles la livre. Supposons que le rouble ait cinq fois la valeur dont parle M. Dorgelès et qu'il vaille 4,50 francs au lieu de 90 centimes, le salaire annuel du paysan ne serait encore que de 630 francs ou la valeur d'une semaine d'un bon ouvrier dans la majorité des pays capitalistes.

Andrew Smith, militant communiste aux États-Unis jusqu'en 1932 (il était membre du Comité Central du parti à Cleveland), a voulu un jour aller vivre en Russie pour goûter aux bienfaits du soviétisme. Il y a passé trois ans et en est revenu désillusionné. Il faudrait citer tout le livre qu'il a écrit à son retour pour avoir une juste idée de la misère qui règne là-bas. En voici quelques échantillons pris dans une seule page (*J'ai été ouvrier en U.R.S.S.*, p. 53) :

"*Je ne vais autour de moi que bureaucratie et travaux forcés. Les gens meurent de faim jusque dans la rue. Le gouvernement ne s'y intéresse en aucune façon et les laisse crever dans la neige et le froid.*

"*Il est impossible à un Américain de manger la nourriture qu'on sert ici dans les restaurants. Elle est immonde et pourrie.*

> « *N'ajoute aucune foi aux histoires que l'on te racontera pour te persuader qu'il n'y a plus de classes en Russie. Les ouvriers y sont parqués par catégories. Ceux qui peinent le plus récoltent le moins...*
> « *Le communisme ou le socialisme ont fait ici banqueroute.*
> « *Personne ne peut y résister (en Russie.)*
> « *Ne te laisse pas duper plus longtemps par la propagande qui se fait à ce sujet, car une chose comme l'honnêteté n'existe pas dans le Parti communiste ou parmi les bureaucrates qui sont les maîtres ici.* » Etc.

Si nous nous arrêtions au désir de multiplier les témoignages qui nous viennent de toute part, nous n'en finirions jamais.

> « *Nous savons*, a dit Pie XI, *par des témoignages non suspects, qu'en Russie, ce qu'il (le communisme) s'était promis, il ne l'a pas tenu, sans compter l'esclavage que le terrorisme a imposé à des millions d'hommes.* »
>
> « *Le communisme n'a pu et ne pourra réaliser son but, même sur le plan économique.* »
>
> (Divini Redemptoris)

## e). — Progrès soviétiques

En 1936, Staline présenta une *Nouvelle Constitution* au 8e Congrès de l'U.R.S.S. Cent cinquante mille amendements y étaient prévus. Entre autres : la sécurité matérielle pour la vieillesse, le droit à l'éducation, l'inviolabilité des demeures, la liberté d'organisation (excepté pour les groupes politiques), la possibilité pour chaque citoyen d'avoir pour 200 roubles une paire de chaussures en cuir, la défense d'habiter plus de 10 dans une même pièce, le droit et même l'obligation d'enterrer tous les morts dans des boites — et encore ! « *C'est à peine croyable ! Un vrai rêve !* » disaient les citoyens.

Litvinov est allé jusqu'à dire, à Genève, que le nombre des mécontents diminuait de jour en jour.

Il n'a pas ajouté que l'échafaud, les camps de concentration et le silence forcé contribuaient beaucoup à diminuer le nombre des mécontents...

"*Aujourd'hui*, écrit André Gide dans *Retour de l'U.R.S.S.*, *c'est l'esprit de soumission, le conformisme qu'on exige. Seront considérés comme "Trotzkistes" tous ceux qui ne se déclarent pas satisfaits.*"

Ce ne sont certainement pas les travailleurs qui ont composé l'hymne qu'ils sont invités à chanter en chœur et qui traduit seulement l'orgueilleux matérialisme des bourreaux du peuple. Ce chant populaire tel que reproduit par *"The Tablet"* doit manquer de popularité, puisqu'il ne reflète pas les sentiments du peuple et qu'il est si peu conforme aux faits. Jugeons-le plutôt sur le texte :

*"Nous les innombrables légions de travailleurs ;*
*Nous avons conquis la terre et les océans ;*
*Nous avons illuminé les villes avec les soleils que nous avons créés ;*
*Dans nos cœurs brûle fièrement le feu de la révolte éternelle ;*
*Nous secouons de nos épaules le fardeau légué par nos ancêtres ;*
*Nous éloignons le cauchemar d'un monde inconnu des sens ;*
*Nous brûlerons les chefs-d'œuvre de Raphaël au nom de l'aurore qui pointe ;*
*Nous détruirons les musées et écraserons sous notre talon les trésors artistiques ;*
*Jamais les larmes ne perleront à nos yeux, nous avons tué la pitié en nous ;*
*Nous avons oublié le parfum des champs et des fleurs printanières ;*
*Nous ne chérissons que la puissance de la vapeur et la force bruyante des explosifs ;*
*Nous voulons le cri sinistre de la sirène et le roulement des lourds chariots métalliques ;*
*Nous sommes apparentés à l'acier et notre âme habite les engins ;*
*Nous avons désappris à regarder et à désirer le ciel sans nostalgie ;*
*Ici, en ce monde, l'homme doit avoir son soûl, sans rêver à l'au-delà ;*
*Nous ne voulons plus demander notre pain dans la faim ;*
*Nos muscles demandent le travail des géants,*

*Notre poitrine se gonfle sous la puissance des masses, la force de la création ;*
*Nous nous apprêtons à remplir chaque cellule de l'humanité avec la richesse du miel ;*
*Nous dirigeons le globe terrestre dans les sentiers de la gloire ;*
*Nous sommes amoureux de la vie et de l'orgueil grisant du plaisir ;*
*Nous nous sommes endurcis comme l'acier contre la souffrance et la lutte ;*
*Nous sommes tous, et présents en tous, la flamme d'une splendeur conquérante ;*
*Nous sommes la Divinité, le Juge du Jugement, notre volonté fait loi.* "

La vérité est que si la population n'était pas haineuse de l'oppression qui l'écrase, toutes les usines ne seraient pas encore gardées par des soldats armés, par crainte des actes de sabotage.

Si le peuple était satisfait, *Pravda* (8 oct. 1936) n'avouerait pas que l'on découvre partout des organisations qui s'efforcent de répondre à la terreur par la terreur, et que nombreux sont les complots contre Staline et son entourage, aussi bien que les attentats contre les autorités communistes locales.

Si le peuple était satisfait, les soviets ne jugeraient plus nécessaire le décret du 8 juin 1934 (*Izvestias*, 9 juin 1934) qui veut la barbarie intelligente que voici : Tous les parents majeurs d'un aviateur soviétique en pays étranger doivent être tenus en otages par les autorités ; au cas d'évasion de l'aviateur, tous ses parents seront punis de la déportation de 5 à 10 ans avec confiscation de tous leurs biens. En Russie, ce ne sont pas seulement les coupables qui expient, mais aussi les innocents, et surtout eux.

Si la population était satisfaite, on ne la tiendrait pas dans l'ignorance complète de tout ce qui se passe en dehors de la Russie, de peur qu'elle sache qu'il peut y avoir quelque chose de bon à l'étranger. A-t-on peur que les Russes apprennent que tous les ouvriers sont chaussés en dehors de leur pays ? Les moscovites en tomberaient à la renverse, eux qui vont pieds nus dans la proportion de 50 %, d'après *Krasnaïa Gazeta* du 19 oct. 1936.

Si la nouvelle constitution avait ramené la prospérité en Russie, ancien grenier de l'Europe, nous n'aurions pas lu dans nos journaux de l'an passé que le Canada y avait envoyé un million de boisseaux de blé. Et si les moissons étaient abondantes comme autrefois, les autorités seraient moins sévères pour les pauvres gens qui, poussés par la faim, coupent les épis des champs avant la maturité :
*"Le délinquant doit être fusillé et tout son avoir confisqué."*

Aucun pardon ne se penche sur ceux qui sont coupables d'avoir faim ; les Russes l'ont appris à coups de fusil. Aussi, *"les fronts n'ont jamais été plus courbés"*, affirme André Gide.

Évidemment, les agents dressés et surveillés de l'Intourist ne disent rien de ces reculades au visiteur dupé, qu'il se nomme Herriot en France ou Euler au Canada. Il y aura toujours assez de naïfs pour applaudir les blagues publicitaires des soviets. Car, écrit M. Ernest Mercier, retour de Russie en 1936, "*la propagande officielle ne se contente pas d'être adroite, ou même tendancieuse... elle s'installe délibérément dans le mensonge*" : c'est ainsi, qu'on fait visiter comme une création du régime le magnifique institut de médecine expérimentale qui avait déjà fêté son jubilé d'argent lorsqu'éclata la révolution ; de même pour le grand sanatorium du Caucase qui n'est autre que l'ancien couvent des Moines du Nouvel Athos.

Ce que, par contre, on se garde bien de faire voir et de laisser voir — M. Jean Péron nous en a dit quelque chose, — ce sont les logements dont parle aussi le Centre dominicain d'études russes, logements où 14 personnes sont forcées de vivre dans 20 mètres carrés, 6 dans une chambre de 14 à 15 m², et trois encore dans un réduit obscur de 4 à 5 mètres. Dans un logement de 4 pièces habité naguère par 5 personnes, logeaient en 1934, 46 personnes, dont 7 enfants. Qu'on sache qu'il n'est pas ici question d'une situation exceptionnelle pour un lieu donné, mais de celle qui existe dans la plupart des villes.

Que voulez-vous ? Les soviets ne peuvent toujours pas avoir raison contre l'Esprit Saint ? Or Il a dit :

> *"Si le Seigneur ne bâtit pas la maison, c'est en vain que travaillent ceux qui la bâtissent ; si le Seigneur ne garde la cité, en vain la sentinelle veille à ses portes."*
>
> (Ps. CXXVII, 1.)

## f). — Atrocités rouges

Le démon n'a jamais pardonné au Christ d'avoir sauvé le monde. Et quand il a réussi à grouper d'autres êtres qui veulent l'approuver dans sa haine, il affole leurs pensées du feu de cette haine. C'est contre le Christ et son Église que les principes terroristes inspirés par Satan devront être le plus férocement appliqués. En Russie, au Mexique, en Espagne, les grands soirs rouges ont surtout éclairé le martyre du christianisme.

Et toujours, la caractéristique de l'action bolchéviste est le goût sadique de la souffrance, du sang et de l'ordure. C'est l'Asie tartare et mongole, ce sont les violentes passions des Orientaux qu'ont ressuscitées les moscovites.

> *Par centaines,* dit M.. Serge de Chessin, *les prêtres chrétiens (orthodoxes) égorgés, mutilés, lacérés, après avoir été contraints d'assister à des scènes immondes ; les chevaux caparaçonnés de chasubles, des croix sous la queue, des excréments dans tous les vases sacrés, le sabbat des bourreaux ivres et des prostituées affublées de vêtements sacerdotaux dans les églises, les parodies sacrilèges de tous les sacrements."*

Nous aurions hésité à exhiber un échantillon de pareils sacrilèges, si nous n'y avions été contraint par la volonté de prouver une fois de plus la marque satanique de tout ce qui touche au bolchevisme.

En veut-on encore une preuve ? Qu'on lise ce petit rugissement trouvé dans les magazines des Soviets et que la décence nous ordonne d'écourter :

*Nous fouettons la sainteté à coup de knout,*
*Nous torturons le corps débile du Christ,*
*Nous le torturons devant la Tché-Ka.*

*Et ! Eh ! Pardonne aux pécheurs que nous sommes ;*
*Sauve-nous comme tu sauvas le voleur du Golgotha,*
*Nous répandons sauvagement ton sang*
*Comme l'eau d'une cuvette.*

*..............................................*

*Christ est de nouveau sur la croix*
*Pendant que nous promenons Barrabas sur le boulevard.*

Plusieurs prêtres ont été crucifiés sur la porte de leur église. Mgr Andronic *"est promené à travers la ville de Perm, les yeux crevés, le visage lacéré à coups de couteau, et on l'enterre vivant."* A Medviedka, les soldats rouges font danser sous un soleil torride une douzaine de vieux évêques, puis à coups de baïonnettes, ils les précipitent dans la rivière *"pour les rafraîchir"*.

En tout et partout, la note est maudite. Les Bolchévicks ne sont pas des révolutionnaires affamés de sociologie. Ce sont des obsédés et des damnés qui en veulent au Christ et aux chrétiens. C'est pourquoi l'horrible, chez eux, est vaincu par le grotesque, et que le sadisme est lui-même dépassé par le satanisme. Mitraillades et noyades en masse, peaux retournées, yeux arrachés, mains coupées, ne sont que des échantillons de l'orgie éternelle du tourmenteur infernal qui a nom Satan.

Pendant 31 mois, la catholique Espagne a souffert également les morsures venimeuses de l'esprit malin. Voici le résumé qu'en fait un journal de Paris, *Le Matin* :

*"Du dossier que détient un prince de l'Église, le cardinal Goma y Tomas, primat d'Espagne, il résulte qu'en 1936 et 1937, dix-sept évêques et six mille prêtres séculiers ont été mis à mort par les rouges, dont un grand nombre après avoir été odieusement torturés. Le cardinal en possède la liste nominative, ainsi que les dépositions des témoins. Liste et témoignages affreux*

*qui font tressaillir d'horreur. Ici, après les avoir massacrés, on a pendu les corps des prêtres aux étals de boucherie, tels des porcs. Là, on les a brûlés à petit feu, quand ils étaient à demi morts.*

*A Santander, on les attachait par une corde à un phare surplombant la mer et on coupait la corde petit à petit. Sur un prisonnier rouge, on a trouvé cette lettre effroyable : J'ai tué 25 prêtres à moi seul. J'ai enfoncé la "puntilla" dans la nuque de l'un d'eux comme on le fait pour un taureau."*

Il y avait à Barcelone des prisons où l'on entassait jusqu'à 90 prisonniers dans une cellule de 10 pieds par 8 pieds. La nourriture qui leur était servie était infecte et intentionnellement couverte de saletés.

Tout ce qu'on peut inventer pour torturer un être vivant était employé à seule fin d'épuiser les forces et le courage des victimes : lits en béton rugueux, sièges très lisses et penchés pour qu'il soit impossible aux détenus de s'asseoir.

A certain endroits, on pendait la victime par les pieds au-dessus d'un bain rempli d'eau et on la descendait jusqu'à ce qu'elle fût obligé de se courber le torse pour pouvoir se tenir la tête hors de l'eau. On la gardait dans cette position jusqu'à ce que la faiblesse la force à s'abattre dans l'eau.

Au supplice du bain forcé, s'ajoutait le supplice du soleil dont les rayons dirigés et concentrés à travers des loupes se réfléchissaient sur les corps nus des prisonniers et les brûlaient.

A Madrid, une Tchéca (celle de la calle Guindarera) comportait une cellule de quatre verges sur cinq, où 16 hommes et femmes ont été enfermés, sans air renouvelé, sans lumière, pendant 29 jours. La vapeur de la respiration se condensait et retombait en gouttes, à la longue, sur les prisonniers.

*"A beaucoup,* disait S. E. Mgr Ildebrando Antoniutti, délégué apostolique au Canada, *on a amputé les membres, ou on les a mutilés affreusement avant de les tuer, on leur a crevé les yeux, coupé la langue, on les a éventrés, brûlés ou enterrés vifs, tués à coups de hache. On arriva jusqu'à profaner le silence sacré*

*des tombeaux, dispersant les cadavres et détruisant le symbole religieux gravé sur les cénotaphes. Ces formes de martyre et de profanation supposent la subversion sinon la suppression totale du sens de L'Humanité.* "

(Conférence aux membres de l'A. P. C. V., 9 déc. 1939.)

Les documents ne manquent pas pour dire au reste de l'univers toute l'horreur qu'il doit avoir de cette bête hideuse qu'est le communisme : elle a assez bavé sur l'Espagne pour que le monde s'en méfie. Le 14 septembre 1936, le pape Pie XI prononça devant les réfugiés espagnols un discours dans lequel il prévenait la chrétienté de ce qui peut lui arriver, si elle s'obstine à ne pas comprendre le problème. Il y a tracé à son tour le sombre tableau de la révolution :

*"Tout ce qu'il y a de plus humainement humain et de plus divinement divin, personnes, institutions et choses sacrées, trésors inestimables et irremplaçables de foi, de paix chrétienne comme de civilisation et d'art, très précieux objets d'art antique, reliques très saintes, dignité, sainteté et activité bienfaisante de vies entièrement consacrées à la piété, à la science, à la charité, personnages très élevés dans la hiérarchie sacrée, évêques et prêtres, vierges sacrées, laïques de toutes classes et conditions, vénérés cheveux blancs, première fleur de la vie, et le silence solennel et sacré des tombeaux lui-même, tout a été assailli, ruiné, détruit de la manière la plus vile et la plus barbare. Et c'est dams un désordre sans frein, qui n'a jamais été vu, de forces si sauvages et cruelles qu'on se demande si elles sont possibles, Nous ne disons pas avec la dignité humaine, mais avec la nature humaine elle-même, si misérable et tombée si bas qu'on le suppose.* "

Revenant à la révolution russe dont on ne peut pas dire qu'elle fut moins cruelle en raffinements, nous ne pouvons pas passer sous silence un fait que M. Georges Goyau écrivit dans un livre intitulé : *Dieu chez les soviets*. Il y raconte qu'en 1922, l'Église nourrissait quotidiennement 160.000 enfants par l'intermédiaire de la mission papale de ravitaillement, composée de 9 prêtres et de 3 frères. Cette intervention de la charité universelle n'était pas pour plaire aux communistes nés de la haine :

> *"Tout occupés à détruire*, écrivait S. E. Mgr Gauthier, *les ruines leur suffisent."*

Or voici comment les soviets se vengèrent : en 1923, certaines sections communistes s'adressèrent dérisoirement au Saint-Siège pour obtenir qu'un membre élevé de la hiérarchie catholique fût mis à mort au prochain Vendredi Saint. Ici, je cite M. Goyau :

> *"Elles exigeaient cela à titre de manifestation. Elles ne dénonçaient ni crime ni délit, elles ne signalaient aucun coupable : il leur fallait, le jour même du drame du Calvaire, un peu de sang encore, et que ce fût de nouveau le sang d'un juste, et leur satanique maladresse ne s'apercevait pas qu'elle allait procurer à ce prêtre la plus pure des gloires en parodiant, par sa mort, cette autre immolation qui fut le point culminant de l'histoire du monde."*

De même que la multiplication des pains n'avait pas désarmé les ennemis du Christ, la distribution des vivres qui sauvaient des milliers de vies russes accentuait la colère des ennemis de son corps mystique, l'Église.

Pour répondre aux protestations du Saint-Siège, les hordes bolchéviques arrêtèrent Mgr Budkiewick. Le jeudi saint, après s'être vu refuser les secours de l'eucharistie, le prélat fut tiré de son cachot souterrain. On le pousse brutalement à travers un corridor obscur ; il tombe, se casse la jambe ; on l'enferme, pour la nuit, sans paillasse ni chaise, avec des criminels de droit commun ; il fallait, là aussi, qu'il y eut des larrons, à côté du condamné.

Avant le coup de revolver qui devait achever son martyre, des soldats avaient traîné leur victime par les oreilles jusqu'au corps de garde : c'est que le prélat ne pouvait plus marcher. En chemin, pendant qu'on lui enlevait ses vêtements, une de ses oreilles se décolla. Insolente de gaîté, la garde exécutrice acheva son infernale besogne, brûla le corps du martyr et en dispersa les cendres aux quatre coins du ciel pour qu'elles ne servissent pas de reliques.

Nous n'en finirions pas s'il fallait raconter les détails ingénieusement cruels et variés des supplices que des milliers et des milliers de prêtres eurent à endurer uniquement parce qu'ils avaient commis le crime d'aimer Dieu ou de le faire aimer.

*"Tous ceux,* dit la prière rédigée par la commission pontificale pour la Russie, *qui veulent là-bas maintenir la foi chrétienne sont exposés journellement aux pires supplices; ils sont systématiquement livrés à la faim, aux maladies les plus pénibles, à de longues tortures dans les neiges et les eaux glacées, à d'interminables peines en des prisons obscures où fidèles, religieux et religieuses, prêtres et évêques, sont enfermés en compagnie des coupables les plus endurcis. Leurs souffrances durent depuis bien des années, et beaucoup ont déjà scellé de leur sang leur fidélité au Christ."*

Les églises aussi ont subi le martyre. Que leur reprochait-on donc ? C'est une personnalité soviétique qui va répondre :

*"Si nous détruisons les églises, c'est pour faciliter le mouvement des tramways à travers les carrefours, c'est pour rectifier l'alignement des trottoirs, c'est pour avoir des terrains où l'on puisse bâtir, c'est, en un mot, au nom des utilités vitales de la vie municipale."*

A ce compte là, il est surprenant qu'une telle crise du logement ait sévi en Russie : car si nous en jugeons par le bilan de destruction que nous trouvons dans *Retour offensif du Paganisme* par M. Gustave Combès (p. 149), les soviets ont déblayé passablement de terrain... puisqu'il n'y a plus ni couvents, ni écoles religieuses, ni séminaires, et ainsi de suite.

A la veille de la révolution, l'Église orthodoxe russe comptait 181.337 serviteurs du culte dont 50.960 prêtres, 17.430 moines, 52.032 religieuses. Elle possédait 46.457 églises, 21.747 chapelles, 497 monastères d'hommes, 419 couvents de femmes, 4 académies d'enseignement religieux, 36 séminaires, 40.000 écoles populaires. Or, que reste-t-il de cette puissance ? Quelques centaines de prêtres orthodoxes sont encore en fonction, tandis que ceux qui n'ont pas été martyrisés peuplent les camps de servage.

L'Église catholique comptait 12 millions de fidèles, huit évêques et 810 prêtres. On ignore le nombre des fidèles survivants, mais on sait qu'en 1935 il restait 60 prêtres.

> *"A les voir à l'œuvre,* disait S. E. Mgr Gauthier, *il est facile de constater surtout que seule la religion leur (les communistes) importe... Quel vent de folie souffle donc sur ces égarés du communisme qui semblent considérer comme un bien la disparition de toute culture de l'esprit et rêvent de plonger leur pays dans la plus odieuse barbarie !"*

Pour que la terre demeurât sans vertus théologales, que ne feraient pas les démons ? Ils descendraient les étoiles qui donnent la foi et le Christ qui donne la charité, comme ils ont descendu les clochers qui donnaient l'espérance.

Dans l'enfer révolutionnaire allumé par les bolchévicks, — nous l'avons déjà dit — les victimes ne sont pas toutes prises au sein de la hiérarchie : les petites gens au nom desquels se fait l'abattage ont également subi la barbare ruade de leurs prétendus libérateurs.

Quand les bolchévicks prirent la ville d'Odessa, tous les blessés furent égorgés. Quinze jours après, la mer Noire, soulevée par une tempête, déposait sur le rivage des centaines de cadavres : une masse de prisonniers avaient été noyés avec une pierre attachée aux pieds. Le général Chormichoff, enchaîné sur une planche, fut poussé ligne par ligne dans une fournaise ardente. Le cabestan, l'eau bouillante, le chevalet et d'autres instruments de mort ont fait un grand nombre de victimes.

M. Courtier Forster, chapelain anglican à Odessa, raconte que les bolchévicks abattaient à coups de fusil, le matin, par farce, les femmes qui allaient chercher du lait ; que les hurlements des centaines de captifs qu'on torturait dans la prison épouvantaient tout un district. Les hommes et les femmes qui avaient quelque chose de bourgeois dans l'apparence étaient chassés nus dans la rue. Les femmes trop bien mises furent emmenées au port, dans les chantiers ; le lendemain, on les retrouva mortes, mourantes ou folles ; toute la nuit on avait entendu leurs cris d'agonie, qui allaient s'affaiblissant comme le gémissement d'une bête suppliciée. (Voir *Times* et *Evening News* du 3 déc. 1919.)

La Russie a été transformée en un immense cimetière. On a nourri de cadavres les fauves du Zoo. En 1919, trois mille hommes ont été fusillés à la fois, le 14 février, près de Pétrograd, et laissés nus dans la neige. Les chiens transportaient partout des débris humains.

M. J.-H. Clarke écrivit dans le *Times* du 10 mai qu'il a reçu d'Angleterre une collection de photographies prises par les officiers britanniques, dans les villes hâtivement évacuées par l'armée Rouge ; les cadavres des victimes, grillés, déchiquetés, fournissent la preuve des tortures et des mutilations les plus infernales. Le commandant du camp où les bolchévicks de Kharkoff tenaient leurs prisonniers était un ancien charpentier, Stephen Saienko ; il enfonçait des clous sous les ongles, clouait les étoiles des officiers sur leurs épaules, découpait dans la longueur des jambes des "bandes de pantalon".

Le capitaine Federoff, de l'armée blanche, montre ses bras déchiquetés à coups d'aiguilles. Ce supplice fait les délices des durs.

Voyez-vous, on leur a appris toutes les subtilités de la folie hystérique que peut produire la haine. Zinoviev porte de tout cela passablement de responsabilité, lui qui dans une harangue prononcée à Pétrograd, le 18 sept. 1915, disait :

*"Nous rendons nos cœurs cruels, durs, impitoyables, afin que la clémence n'y pénètre pas et qu'ils ne frémissent pas devant un*

océan de sang ennemi. Nous lâcherons les écluses de cette marée sanglante. Sans pitié, sans merci, nous tuerons nos ennemis par milliers. Nous les noierons dans leur propre sang."

Qu'on ne vienne donc pas nous dire que les excès commis pendant la révolution n'étaient pas "savamment préparés" et "froidement voulus" : un discours comme celui de Zinoviev enlève toute excuse à ceux qui l'ont applaudi.

Les atrocités de l'armée Rouge en Pologne ou ailleurs étaient des activités commandées à sang froid ; et leur narration est si impressionnante qu'elle dame le pion à tout autre genre de réfutation du communisme. En 1920, la Commission interalliée laissa publier par le journal *Le Matin* (4 sept.) des renseignements sur la première révolution en Pologne. Nous croyons devoir en donner le passage suivant :

> "*Chaque unité rouge était accompagnée d'une section de la Tchéka, dénommée* Tchreswytchaïka Kommissia, *dont la seule mission était de réaliser ce programme. Elle était composée de commissaires spéciaux, assistés d'un personnel de femmes juives et de Chinois chargés de remplir les fonctions d'exécuteurs des hautes œuvres.*
>
> "*... Partout où passaient les troupes de Budienny, des massacres marquaient la trace de leur passage. Partout, ce n'était que cadavres mutilés, langues et yeux arrachés, malades égorgés dans les hôpitaux. Ce sont ces soldats qui, dans les premiers jours de juin, à Berdiczev et à Jitomir, égorgèrent 620 blessés et tout le personnel sanitaire des hôpitaux de ces villes. Ce sont eux qui, quelques jours plus tard, en quittant Proskuray, arrêtèrent un train de la Croix-Rouge et massacrèrent les 36 personnes qui composaient la mission sanitaire, dont le comte Gracholski. L'état dans lequel furent retrouvés les cadavres des malheureux était tel que trois seulement ont pu être identifiés.*
>
> "*Les tortures inventées par les membres de la* Tchreswytchaïka *et par les soldats du général Budienny dépassent, à la vérité, l'imagination. Aux procédés classiques de l'Inquisition — supplice de l'eau, brodequins, écartèlements,*

*etc. — les Chinois et les femmes de la* Tchreswytchaïka *avaient ajouté de nombreux perfectionnements. Sur certains d'entre eux, faits prisonniers à Kiev, on découvrit de petites cuillères en métal aiguisé, destinées à arracher les yeux de ceux qui leur étaient livrés pour subir la torture.*

"*Une autre de leurs méthodes consistait à enfoncer à petits coups, dans le crâne de leurs victimes, des clous acérés. Sous la souffrance, les patients perdaient connaissance. On les ranimait, puis la torture recommençait jusqu'à ce que mort s'ensuivit. Le plus souvent, la boîte crânienne éclatait en pleine agonie.*

"*La plupart des victimes découvertes sont affreusement mutilées. A certaines, la peau, du dos a été découpée et ramenée sur la tête. D'autres ont le ventre ouvert ; on a fait des liens de leurs entrailles arrachées. A Vinnica et à Kaerkov, où les victimes ont été particulièrement nombreuses, des corps ont été sciés en deux ; des membres écartelés à l'aide de chevaux portaient encore les cordes qui avaient servi au supplice.*"

Les officiers russes prisonniers des Bolchévicks étaient enfermés par cinquante dans une seule chambre, serrés les uns contre les autres. De temps en temps, on éclaircissait la masse à coups de hache ; les survivants étaient attachés au chevalet, soumis à l'estrapade, aux brodequins, à toutes les tortures inventées par les persécuteurs des chrétiens. La même hystérie préside aux mêmes haines, parce qu'elle vient du même endroit et pour le même mal.

Un témoin décrit les tueries de Tsaritzin, où les prisonniers étaient enfermés dans la cale d'un navire. La nuit, avec des lanternes les bourreaux venaient chercher leur ration de chair vive à coups de sabre ou de fouet. Ils choisissaient dans le troupeau humain affolé d'épouvante ; on traînait les victimes devant la Commission extraordinaire, ou bien on les égorgeait sur la rive. Le chef des assassins n'était autre que Trotsky qui invitait ses amis au spectacle de l'abattoir, du haut de son balcon, comme autrefois Néron, et les bourreaux prolongeaient le supplice pour amuser cette bande d'enragés.

A Tsaritzin, plus de 3.000 sont fusillés ; à Sébastopol, à Novo-Tcherkaslc, à Simféropol, à Eupatoria, des milliers, des milliers et des milliers de fusillés, de noyés, d'éventrés. A Pétrograd et à Moscou, les morts sont innombrables !

En Russie ou ailleurs, comme en enfer, ceux qui n'ont pas voulu se soumettre librement à Dieu doivent forcément se soumettre aux diables et tous à Dieu. Même dans l'enfer, Dieu veut l'ordre autant que la justice. Et les résultats donnés par le bolchevisme n'ont rien qui surprenne les personnes véritablement renseignées sur la signification finale de cette doctrine : car l'étudier, c'est comprendre d'avance les seuls résultats qu'elle puisse obtenir ; tout comme examiner ses résultats, c'est comprendre sa nature qui en est responsable. C'est bien pourquoi le Souverain Pontife affirme, dans son encyclique *Summi Pontificatus*, que les fruits du communisme suffisent à le refuter :

> *"Du gigantesque tourbillon d'erreurs et de mouvements antichrétiens ont mûri des fruits si amers, qu'ils en constituent une condamnation dont l'efficacité surpasse toute ; réfutation théorique."*

# DEUXIÈME PARTIE

---

# LA FRANC-MAÇONNERIE

## OU

## LE BERCEAU DE LA CONTRE-ÉGLISE

> *"En premier lieu, arracher à la Franc-Maçonnerie le masque dont elle se couvre et faites-la voir telle qu'elle est."*
>
> Léon XIII, — Humanum Genus, 20 avril 1884.

> *"Il existe une contre-Église avec ses écritures, ses dogmes, ses prêtres, et la Franc-Maçonnerie en est un (les aspects visibles."*
>
> J. Marqués Rivière, — La Trahison Spirituelle de la F∴-M∴, p. 242.

# CHAPITRE PREMIER

---

## LA COMPAGNIE DE SATAN

Nous n'aurions pas une idée nette du corps mystique de l'antéchrist, si nous ignorions la Franc-Maçonnerie.

Chose curieuse, cette société occulte a la chance inouïe de constater que presque personne n'ose s'occuper d'elle, ou même n'y songe.

Pourtant, " *c'est un pouvoir terriblement mauvais et terriblement fort* ", écrivait naguère Mgr Forum, alors évêque de Trèves.

"*C'est une infernale puissance de continuité et de haine* ", disait, il y a quelques années, le cardinal Charost, Archevêque de Rennes.

Il est incompréhensible que cette puissance ait droit de cité dans la société même qu'elle veut détruire et qu'elle jouisse, non seulement de l'impunité, mais de la conjuration de l'ignorance à son endroit ! Son compagnonnage avec les éléments normaux des nations est d'autant plus scandaleux qu'il défie outrageusement toutes les indulgences et dépasse la mesure de toutes les monstruosités !

Si la force de cet ennemi est faite de sa ténacité et de son infernale intelligence, elle est surtout faite de la timidité des bons et du complot de leur inertie. Pourtant, les catholiques ont appris que l'omission est une faute... Ils savent que le semeur d'ivraie est venu dans le champ de la parabole pendant que dormaient les semeurs de bons grains...

En montrant le hideux visage de la Maçonnerie, nous espérons provoquer chez les meilleurs catholiques — personne ne songerait à compter sur les médiocres — une plus grande volonté de voir régner le Christ.

Le jour où les Maçons seront convaincus par les faits que le catholicisme a trop de vie et de vivants pour mourir, ils battront en retraite. N'oublions pas que la guerre d'idées, comme la guerre des armes, se fait à deux, et que c'est celui des deux qui accuse le plus de volonté et de vitalité qui remporte la victoire.

Or il s'agit ici de la malice persévérante et plusieurs fois séculaire de Satan incarné. Il s'agit du serpent maudit qui étend partout ses anneaux, prend toutes les formes, parle toutes les langues, pour organiser son royaume avec les ignorants, les imbéciles et les intrigants.

Afin d'enlever tout artifice à notre preuve, nous tenons encore ici à ce que les Francs-Maçons disent eux-mêmes ce qu'ils sont et ce qu'ils veulent. Si donc vous lisez des ignominies, nous n'en voulons être aucunement responsable. Ce sont les maîtres de cet abominable institut qui vont se charger de témoigner, et nous n'emploierons contre eux aucune arme qui n'est pas sortie de leurs arsenaux.

Pour être poli, faisons d'abord comparaître le chef de la bande, qui est incontestablement le chef des démons : à tout seigneur, tout honneur.

Il y a quelque temps, un franc-maçon converti a fait paraître dans le journal français *La Vérité* une page qui aurait été dictée par Satan à une personne adonnée aux pratiques de l'occultisme. "*D'où qu'elle vienne*, écrit la *Semaine Religieuse* de Coutances, *cette page mérite d'être reproduite.*" La voici :

*"Je couvre le monde de ruines, je l'inonde de sang et de larmes, je déforme ce qui est beau, je souille ce qui est pur, je renverse ce qui est grand, je fais tout le mal que je puis faire et je voudrais pouvoir l'augmenter jusqu'à l'infini. Je suis tout haine, tout haine, rien que haine. Si tu connaissais la profondeur, la largeur, et la hauteur de cette haine, tu aurais une intelligence plus vaste que toutes les intelligences qui ont été depuis le commencement, quand bien même ces intelligences seraient réunies en une seule. Et plus je hais, plus je souffre. Ma haine et ma souffrance sont immortelles comme moi. Car, moi, je ne puis pas ne pas haïr, pas plus que je ne puis ne pas toujours vivre. Mais veux-tu savoir ce qui accroît encore cette souffrance, ce qui multiplie cette haine, c'est que je sais que je suis vaincu, et que je fais tant de mal inutilement. Inutilement ! Non puisque j'ai de la joie, si l'on peut appeler cela une joie. Si c'était de la joie, ce serait l'unique joie que j'aie. J'ai la joie de tuer les âmes pour lesquelles* Il *a versé son sang, pour lesquelles* Il *est mort, ressuscité, monté au ciel.*

*Ah ! oui, je rends vaine son incarnation, sa mort, la mort de Dieu, je les rends vaines pour les âmes que je tue. Comprends-tu cela ? Tuer une âme !* Il *l'a créée à son image, Il l'a faite à sa ressemblance, Il l'a aimée d'un amour infini, Il a été crucifié pour elle ! Et je la prends, je la lui vole, je l'assassine, cette âme. Je la damne avec moi, je la hais souverainement. Elle m'a préféré à Lui, je ne suis pourtant pas descendu du ciel pour elle, ni mort .pour elle, moi !... Comment se fait-il que je te dise cela ? Tu vas peut-être te convertir, toi aussi ! Tu vas m'échapper ! Il faut pourtant que je te le dise. Il m'y force.*

*Il se sert de moi contre moi, et je l'ai toujours devant les yeux de mon intelligence, oui, Dieu, tel qu'il était quand je l'adorais avec de tels transports que tous les cœurs des saints se briseraient s'ils les avaient éprouvés comme je les ai ressentis. Si tu avais vu, si tu avais pu voir cette Lumière, cette Beauté, cette Bonté, cette Grandeur, cette Perfection ! Comment donc ai-je perdu tout cela. J'ai été si heureux, si heureux, si heureux ! Je suis si malheureux, éternellement ! Et je le hais ! Si tu savais comme je le hais ! Lui, sa Divinité, son Humanité, ses Anges, ses Saints, sa Mère, sa Mère surtout ! C'est Elle qui m'a vaincu.*

*Veux-tu comprendre combien je souffre et combien je hais. Eh bien ! Je suis capable de haine et de douleur dans la même mesure que j'étais capable d'amour et de bonheur. Moi, Lucifer, je suis devenu Satan, celui qui est toujours contraire. En ce moment, j'ai toute la terre dans ma pensée, tous les peuples, tous les gouvernements, toutes les lois. Eh bien ! Je tiens les cordes de tout le mal qui se prépare. Et je ne fais rien qui ne soit contre cet homme, ce Vieillard, le Pape. Si je pouvais damner le Pape ! Un Pape qui se damnerait ! Mais si je puis tenter l'homme qui est Pape, je ne puis pas lui faire dire une erreur à cet homme. Si tu comprenais ! Le Saint-Esprit est là, qui l'assiste. Le Saint-Esprit l'empêche de dire une hérésie, de proférer doctrine même douteuse, quand il parle en Pape. Ah ! Vois-tu, c'est une chose bien étonnante celle-là : un Pape.*

*Moi aussi, j'ai mon Église. Dans mon Église, il y a la Compagnie de Satan, comme il y a chez vous, la Compagnie de Jésus. Sais-tu qui c'est ? Non ! Eh bien ! ce sont les Francs-Maçons. Mais ils ne peuvent rien contre l'Église, que la persécuter, comme Néron, comme Domitien, comme les Jacobins. Après, après ? qu'est-ce qui me revient ? Je suis vaincu d'avance. Et pourtant, j'ai toujours gagné cela, que le lui tue des âmes. Je lui tue des âmes ! Des âmes immortelles ! Des âmes qu'il a payées sur le calvaire. Ah ! qu'ils sont fous les hommes ! On les achète avec un peu d'orgueil, un peu de boue et un peu d'or. Crois-tu qu'il souffrirait, dis-moi, Lui, s'il pouvait souffrir ?*

*N'importe, je lui tue des âmes, je lui tue des âmes, je lui tue des âmes.* "

Cette haine perpétuellement consentie, cette rébellion constamment renouvelée, cette irrévocable rupture de la créature avec son Créateur, nous les retrouvons sous la plume de tous les Maçons conscients de leur rôle. Ils sont les descendants directs et légitimes de tous les révoltés contre l'autorité de Dieu et contre l'autorité civile venant de Dieu, sans distinction de siècles ni de frontières. Et si la Franc-Maçonnerie ne date que de 1717, l'esprit de révolte qui l'anime est vieux comme le premier homme qui a voulu être dieu et qui a cru que ses instincts étaient d'essence divine.

> *"L'homme est un Dieu possible, omnipotent, pouvant surmonter les douleurs et les peines de sa chair. Organisons-le socialement, internationalement, universellement et il pourra se jouer du Dieu de légende et de cauchemar qui le poursuit. C'est la libération de l'homme par rapport au Divin..."*
>
> (J. Marquès Rivière.
> — *La trahison spirituelle de la F∴-M∴*, p. 211.
> Cet auteur est un ex-membre de la loge Thebo.)

Un des plus célèbres écrivains maçonniques de notre temps, M. Albert Lantoine, affirme que la secte veut " *l'homme prêtre et roi de lui-même qui ne relève que de sa volonté et de sa conscience.*"

(Cité par M. Léon de Poncins,
*La Franc-Maçonnerie d'après ses documents secrets*, p. 305.)

Déjà nous voyons que la F∴-M∴ est née d'une pensée de haine contre toute autorité divine ou humaine, que par conséquent elle est subversive et perverse.

---

# A. — La Franc-Maçonnerie est révolutionnaire

Aussi essentiellement destructrice que le communisme, la Maçonnerie est matérialiste en philosophie, panthéiste en religion, libérale en sociologie, socialiste et internationale en politique, révolutionnaire dans son action.

Se serait se condamner à ne la jamais connaître que de s'arrêter à l'étude de ses statuts uniquement rédigés dans le but de tromper ses victimes tant de l'intérieur que de l'extérieur. Ce qu'elle veut, ce n'est pas ce qu'elle affiche sur la place publique, mais seulement ce qu'elle cache dans les Comptes-Rendus secrets de ses Convents. Elle a une attitude qui manque de panache, une conduite qui n'est pas loyale à son drapeau. Toujours aux bagages, et jamais arboré, il est aussi secrètement usé que ce qu'il représente. Par contre, ceux qu'il rallie dans la malpropreté portent bien haut des étendards flamboyants d'attirance, paravents pour bourgeois et prolétaires aussi trompés les uns que les autres, mais aussi nécessaires les uns que les autres pour bâtir le Temple où Satan recevra les hommages de l'humanité leurrée, si celle-ci s'obstine à dormir.

La Maçonnerie nourrit cette ambition folle de faire du monde entier une vaste Loge où il n'y aura ni croyants, ni indépendants, ni nationaux, mais tout brutalement et tout bestialement des esclaves soumis de la Maçonnerie universelle. Car elle aussi est internationale, bien qu'on ne la voie nulle part, du moins officiellement.

C'est une habileté prodigieuse, mais c'est grâce à une duplicité et hypocrisie plus prodigieuse encore.

Derrière des statuts intentionnellement mensongers, la secte n'a cependant pas réussi à cacher tout son jeu. Et plus elle parle de sa morale, de son refus *"à toute affirmation dogmatique"*, du *"perfectionnement intellectuel et social"* qu'elle poursuit, du *"respect des autres et de soi-même"* qu'elle prêche, de la liberté de conscience qu'elle proclame, de la *"philanthropie"* qu'elle pratique, plus elle s'avère menteuse et malfaisante. Car elle a trop souvent et trop clairement affirmé que son but est diamétralement opposé à ce que prétend sa constitution.

*"Et tout cela : théosophie, occultisme, franc-maçonnerie, sectes secrètes ou mystico-policières, n'a qu'un but commun : assurer la libération de l'homme, lui retirer tout sens moral traditionnel afin de pouvoir l'**asservir** au mieux des intérêts visés, ce qu'ils appellent l'affranchir."*

(J. Marqués Rivière. — *Opus Cit.*, p. 233.)

C'est une institution radicale, socialiste, anticatholique, antinationale et antisociale, comme le bolchevisme qu'elle a conçu. Venant aussi de l'enfer, elle doit vouloir le mal et la révolution qui n'ont pas leur source ailleurs.

D'ailleurs les Maçons ne le nient pas. *le bulletin officiel de la grande loge de france*, n° d'octobre 1922, p. 235, relate cette déclaration :

> "*Mes Frères..., laissez-moi seulement... dire mon espérance que la F∴-M∴, qui a tout fait pour l'émancipation des hommes et à qui l'histoire est redevable des révolutions nationales, saura aussi faire cette plus grande révolution, qui est la révolution internationale... La Révolution Internationale est pour demain l'œuvre de la F∴-M∴*"

Ce qui est avantageux pour la Franc-Maçonnerie, c'est qu'elle fait la révolution sans être reconnue.

> "*Pour vous donner un exemple de ce que peut faire la Maçonnerie,* disait le F∴ Renaudeau au convent du Grand Orient de 1919, *je citerai son rôle pendant la Révolution de 1789. L'évolution de la bourgeoisie pendant le XVIIIe siècle avait été l'œuvre de la Franc-Maçonnerie ; mais quand la révolution éclata, la Franc-Maçonnerie avait fini son rôle ; elle n'exista plus. Pendant toute la période tourmentée de la révolution, elle n'exista qu'à l'état fictif ; en réalité, elle ne travaillait pas. N'empêche que tous les révolutionnaires, tous les conventionnels sortaient de la Franc-Maçonnerie. Où travaillaient-ils ? Dans les clubs. Ils n'étaient plus dans les loges, car dans les loges on ne faisait pas de révolution... Dans les loges on prépare les cerveaux et les cerveaux travaillent ailleurs.*"

Si nous tenons à mieux comprendre l'étroite communauté de principes qui unit les loges au communisme léniniste, en particulier au point de vue de la morale révolutionnaire, relisons les discours de Lénine cités dans la première partie de cet ouvrage, au chapitre intitulé "*Ennemi de la morale*", et comparons avec le passage suivant du F∴-M∴ Marmontel :

> *"On lui fera vouloir (à la nation) et on lui fera dire ce qu'elle n'a jamais pensé... La nation est un grand troupeau qui ne songe qu'à paître et qu'avec de bons chiens les bergers mènent à leur gré... Ni son vieux régime, ni son culte, ni ses mœurs, ni toutes ses antiquailles de préjugés ne méritent qu'on les ménage... Et pour tracer un nouveau plan, il faut faire place nette...*
>
> *"Ainsi le veut le mouvement social. Que ferait-on de tout ce peuple en le muselant aux principes de l'honnête et du juste. Les gens de bien sont faibles et timides ; il n'y a que les vauriens qui soient déterminés. L'avantage du peuple dans les révolutions est de n'avoir point de morale. Comment tenir contre des hommes à qui tous les moyens sont bons ? Il n'y a pas une seule de nos vieilles vertus qui puisse nous servir ; il n'en faut point au peuple, ou il lui en faut d'une autre trempe. Tout ce qui est nécessaire à la révolution, tout ce qui lui est utile est juste ; c'est là le grand principe."*

N'avons-nous pas raison de prétendre que la Franc-Maçonnerie est subversive, et qu'elle est aussi néfaste à l'ordre social que le parti communiste ? Pourquoi alors ne pas tenir compte du danger qu'elle présente pour les pays civilisés ? Pourquoi ne pas exiger sa condamnation au même titre que celle du communisme ?

---

## B. — La Franc-Maçonnerie est antireligieuse

Non satisfaite d'être révolutionnaire, la Maçonnerie prône le socialisme et l'antireligion.

En 1776, Weishaupt fonda à Ingoldstadt la secte des Illuminés qui prit, à la fin du dix-huitième Siècle, la direction de toutes les loges de l'Europe continentale.

Voici comment Weishaupt a condensé l'esprit de son système :

*"L'égalité et la liberté sont des droits essentiels que l'homme, dans sa perfection originaire et primitive, reçut de la nature. La première atteinte à cette égalité fut portée par la propriété ; la première atteinte à cette liberté fut portée par les sociétés politiques ou les gouvernements ; les seuls appuis de la propriété et des gouvernements sont les lois religieuses et civiles. Donc, pour rétablir l'homme dans ses droits primitifs d'égalité et de liberté, il faut commencer par détruire toute religion, toute société civile et finir par l'abolition de la propriété."*

(Code illuminé. — Système général. — V. Rabiano, — *Continuation de l'histoire de l'église*, t. II, p. 395.)

*Cette déclaration des droits de l'homme* n'est-elle pas plutôt la condamnation des droits de Dieu ?... C'est ce que nous verrons plus loin.

Il était de la plus haute importance, cependant, que l'inspirateur de ces principes destructeurs mît en lumière un principe positif, un attrape-nigauds : car il ne suffit pas de grouper la canaille ; il la faut multiplier. Pour accomplir cette funeste besogne, il faut offrir un salaire aux artisans, au moins en faire espérer un. Car le démolisseur comme le constructeur a droit à sa rémunération.

Lorsqu'il tenta nos premiers parents, le démon leur promit qu'ils seraient semblables à Dieu. Belle proposition, en vérité ! Belle récompense, en effet, si elle eût été promise par un autre que le père du mensonge...

A ceux qui accepteront non seulement de désobéir à Dieu, mais de combattre Dieu, le même menteur promettra la perfection de la nature humaine, le bonheur sur terre, la glorification de la Nature, la parfaite fraternité humaine, la déification même de l'humanité.

*"Le Temple maçonnique, dans la pensée de ses ténébreux architectes, doit donc s'élever sur les ruines de toutes les religions à la gloire de la nature. C'est le Temple de '*l'humanité sans Dieu*", en attendant qu'il devienne celui de '*l'Humanité se faisant Dieu*", pour finir enfin par être le Temple de*

"l'Humanité contre Dieu" : *tel est l'édifice que la Maçonnerie cherche à élever à la place de l'ordre divin qui est* "l'Humanité avec Dieu". "

(*La déification de l'humanité
ou le côté positif de la Franc-Maçonnerie*,
par G. M. Pachtler, S. J.,
Fribourg-en-Brisgau, Herder, 1875.)

Il faut donc se méfier des mots sublimes dont font état les F∴-M∴ pour mieux tromper leurs apprentis. Par exemple, quand ils parlent du "*Grand Architecte de l'Univers*", d'après le F∴ Sergent :

> "*ceux qui ont reçu une initiation supérieure savent qu'elle (la signification de la formule précitée) n'a aucune valeur religieuse. Le G∴ A∴ de L'U∴, ce n'est pas Dieu, c'est la Maçonnerie.*"

(Grande Loge de France,
— *Compte-rendu du Convent de* 1904, p. 81.)

Un contemporain, le frère Jean-Marie Raymond, le "*Très Puissant Souverain Grand Commandeur*", dira à son tour :

> "*Nous avons voulu cristalliser l'Immortalité dans le symbole du Grand Architecte de l'Univers, sorte de figuration de l'Unité cosmique, suprême intelligence universelle, qui n'est autre que la vie elle-même.*"

Dans son ouvrage *Le Livre du Maître*, un autre écrivain maçon bien connu de notre temps, Oswald Wirth, apporte aussi son témoignage sur l'ambiguïté du terme Architecte :

> "*Gardons-nous donc de céder à la paresse d'esprit qui confond le Grand Architecte des initiés avec le Dieu des croyants.*" (p. 122.)

Le même auteur explique dans un autre ouvrage (*Le Livre de l'Apprenti*) ce que signifie le mot Dieu dans la Loge :

> "*Dieu est ici l'idéal que l'homme porte en lui-même. C'est la conception qu'il peut avoir du Vrai, du Juste et du Beau.*

*C'est le guide supérieur de ses actions, l'architecte qui préside à la construction de son être moral. Il ne s'agit point là de l'idole monstrueuse que la superstition se forge sur le modèle des despotes terrestres. Nous portons en nous un Dieu qui est notre principe pensant."* (p. 115.)

Ce témoignage de M. Wirth est ici d'autant plus précieux qu'il exprime l'attitude de la F∴-M∴ anglaise dont on se plaît à dire qu'elle est croyante, voire même chrétienne.

De même, le mot religion hypocritement étalé par les F∴-M∴ :

*"ne veut pas dire autre chose en effet, que le lien qui rattache l'homme à l'homme, et qui fait que chacun, égal à celui qu'il rencontre en face, salue sa propre dignité dans la dignité d'autrui, et fonde le droit sur le respect réciproque de la liberté."*
(Le F∴ Gambetta, le 29 août 1881,
cité par Deschamps, III, p. 308).

Voici une déclaration qui fut adoptée par acclamation au Congrès Maçonnique qui s'ouvrit à Naples le 8 décembre 1869 :

*"En ce qui concerne la question philosophique et religieuse, considérant que l'idée de Dieu est la source et le soutien de tout despotisme et de toute iniquité, considérant que la religion catholique est la plus complète et la plus terrible personnification de cette idée, que l'ensemble de ses dogmes est la négation même de la société, les libres-penseurs assument l'obligation de travailler à l'abolition prompte et radicale du catholicisme, par son anéantissement, par tous les moyens, y compris la force révolutionnaire."*
(Cité dans un mandement de Mgr Martin,
évêque de Natchitoches, États-Unis, en 1875.)

Sous le règne de Léon XII, le gouvernement pontifical saisit la correspondance des membres de la Haute-Vente (nom que s'étaient donné les grandes Loges maçonniques d'Italie, au commencement du XIXe siècle.) Le pape Grégoire XVI communiqua lui-même tous les papiers de cette correspondance à Crétineau-Joly qui les publia plus tard, avec l'approbation expresse de Pie IX, sous le titre "*L'Église en face de la Révolution.*" On y lit à la page 85 du deuxième volume cette déclaration d'un chef de la Haute-Vente romaine :

> "*Notre but final est celui de Voltaire et de la Révolution française : l'anéantissement à tout jamais du catholicisme et même de l'idée chrétienne, qui, restée debout sur les ruines de Rome, en serait la perpétration plus tard.*"

Nous lisons dans *Cours Philosophique et Interprétatif des Initiations* (J.-M. Ragon, p. 291) que le devoir impérieux du Chevalier Rose-Croix est :

> "*d'anéantir le gnosticisme bâtard et perfide du catholicisme, qui fait de la Foi un aveuglement prémédité, de l'Espérance un piédestal conventionnel, et de la Charité un égoïsme personnel.*"

Ils ne sont pas égoïstes les frères ∴, eux qui proclament :

> "*Moi, rien que moi, tout à moi, tout pour moi, et cela par tous les moyens quels qu'ils soient ?*"
> (*Tuileur de l'écossisme*, par Charles de l'Aulnaye, p. 215.)

L'anéantissement du catholicisme, voilà, certes, un acte de philanthropie peu commun :

> "*Déchristianiser la France (comme tous les pays atteints de cette lèpre) par tous les moyens, mais surtout en étranglant le catholicisme peu à peu, chaque année, par des lois nouvelles contre le clergé..., arriver enfin à la fermeture des églises*", tel qu'il fut résolu à un convent très secret, tenu le 11 juin 1879.
> (Mgr Fava, — *Le secret de la Franc-Maçonnerie*, p. 121)

C'est vraiment trop **bienfaisant**, messieurs : je crois même que vous vous payez la tête d'un tas d'imbéciles, dont 13.868 pour la seule province de Québec.

Les personnes averties pourraient même mesurer l'excellence des institutions avec le degré de rage que mettent les Francs-Maçons à les détruire. Nous dirons même que c'est un moyen infaillible de savoir si une œuvre est vraiment divine. Comment, en effet, le démon pourrait-il ne pas attaquer les organisations de Dieu, puisqu'il ne veut que le mal et le plus grand mal ?

*"Lorsque le démon s'attaque à une maison, disait le Christ à ses disciples, et qu'il la trouve en bon état, il va dans le désert pour y recruter des démons encore plus méchants que lui, pour lancer contre elle des assauts plus vigoureux."*

Comment, surtout, pourrait-il ne pas s'attaquer à l'Église de Dieu, puisqu'elle est son institution de prédilection ? Aussi a-t-il suggéré au F∴ Conrad d'écrire dans le *Banhütte*, journal maçonnique de Leipsig, ces lignes significatives :

*"Notre adversaire est l'Église romano-catholique, papale, infaillible, avec son organisation compacte et universelle. C'est là notre ennemi héréditaire et implacable."*

Le 26 décembre 1874, le Vénérable de la loge Les Amis du Progrès, le F∴ Van Humbeeck s'écriait à Anvers :

*"Ce qui est vrai de la Révolution n'est que la formule profane. Oui, un cadavre est sur le monde ; il barre la route du progrès : ce cadavre du passé, pour l'appeler par son nom, carrément, sans phrase, c'est le catholicisme."*

(Cité par Mgr Delassus,<br>— *Le problème de l'heure présente*, 1, p. 22.)

Au Rituel officiel du 33e et dernier degré du Rite Écossais Ancien Accepté, rite qui a la réputation d'être le plus anodin de tous, nous lisons ceci :

*"... Il (l'homme) est tombé sous les coups de trois assassins, de trois infâmes qui ont soulevé des obstacles formidables contre son bonheur et contre ses droits et ont fini par l'annihiler.*

*"... Ces trois assassins infâmes sont la Loi, la Propriété, la Religion.*

*"... De ces trois ennemis infâmes c'est la religion qui doit être le souci constant de nos attaques meurtrières, parce qu'un peuple n'a jamais survécu à sa religion et que c'est en tuant la religion que nous aurons à notre merci et la Loi et la Propriété*

et que nous pourrons régénérer la société en établissant sur les cadavres des assassins de l'homme, la religion Maçonnique, la loi Maçonnique et la Propriété Maçonnique."

(*Satan & Cie*, par Paul Rosen, ex-maçon et T∴ Ill∴ S∴ G∴ I∴ du 33e degré, p. 335-337.)

La littérature maçonnique suinte de toute part sa haine de l'Église et son désir infernal de la détruire, de sorte qu'il n'est pas possible de voir le fond de la lâcheté qui inspire son abîme de rage, lorsqu'on l'examine si succinctement.

## C. — La Franc-Maçonnerie est une religion

Comme le communisme, la Maçonnerie antireligieuse est une religion. Comme pour le communisme, le paradoxe n'est donc qu'apparent. Ce sont les maçons qui le prouvent.

Dans *Le livre du Maître* d'Oswald Wirth, nous lisons à la p. 22 :

"*Reste à savoir si la F∴-M∴ est oui ou non une religion. Cesserait-elle d'en être une parce que les autels de ses Temples sont consacrés au culte de la Liberté, de la Fraternité, de l'Egalité ? Ayons le courage de nous dire religieux et de nous affirmer apôtres d'une religion plus sainte que toutes les autres. Propageons la religion de la République qui formera le cœur des citoyens et cultivera les vertus républicaines.*"

C'est ainsi que :

"*Le premier effet de l'initiation est de purifier l'apprenti de toute mentalité chrétienne s'il en a une ; puis le compagnon revenu à l'état de nature, sans préjugés religieux et sociaux, sera capable en devenant maître, d'avoir une mentalité nouvelle.*

"*L'enfant élevé dans la religion chrétienne voit, juge et agit chrétiennement ; le maçon né à la lumière du temple, verra, jugera et agira maçonniquement.*"

(Gustave Bord, — *La F∴-M∴ en France, des origines à 1815*, préface, p. XVII.)

Elle a des ambitions, notre société **philanthropique** ! Elle rêve non seulement de renverser l'Église, mais de la remplacer.

*"Lorsque la Maçonnerie accorde l'entrée de ses temples à un juif, à un mahométan, à un catholique, à un protestant,* disait le f∴ Golphin à la loge Memphis (Londres) en 1877, *c'est à la condition que celui-ci devienne un homme nouveau, qu'il abjure ses erreurs passées, qu'il dépose les superstitions et ses préjugés dont on a bercé sa jeunesse. Sans cela, que vient-il faire dans nos assemblées maçonniques ?"*

(Cl. Janet, t. I, p. 115.)

La Maçonnerie est une religion purement humaine. Elle a pour guide la seule raison.

Comment donc un catholique peut-il être un vrai maçon et rester fidèle à sa religion, en professant des doctrines qui sont en contradiction évidente avec son Église ?

*"Chaque fois que j'ai vu en loges, des membres de différentes religions, je me suis imaginé qu'ils s'étaient détachés intérieurement des dogmes de leurs églises, pour adopter l'idée de la Maçonnerie sur Dieu et le monde."*

(Eckert, avocat saxon protestant.)

*"Après avoir renversé le pouvoir temporel du Pape, de notre ennemi infâme et mortel, par le concours de l'Italie et de la France, nous affaiblirons la France, soutien de son pouvoir spirituel, par le concours de notre puissance et de celle de l'Allemagne. Et un jour viendra où, après le partage intégral de l'Europe en deux Empires, l'Allemand d'Occident et le Russe d'Orient, la Maçonnerie les joindra en un seul avec Rome comme capitale de l'univers entier. Notre Chef Suprême régnera seul sur le monde, et assise sur les marches de son trône la Franc-Maçonnerie partagera avec lui la Toute-Puissance."*

Ces mots sont en toutes lettres dans le texte de l'Instruction donnée au général Garibaldi, le 5 avril 1860, lors de son élévation, à Palerme, au Grade Suprême de la Franc-Maçonnerie, dix ans avant son envahissement des États Pontificaux. (Cité par M. Rossen dans *L'Ennemi Social*, , p. 21.)

Mais cela ne se fera pas automatiquement. Il va falloir travailler dur pour inculquer au peuple une autre foi que celle en Dieu et en l'Église. La recette, les F∴-M∴ l'ont trouvée dans l'anticléricalisme, sachant bien qu'un peuple aura vite perdu la foi, quand il aura perdu confiance en ceux qui lui en dispensent les mystères.

En 1850, Mgr Rendu, évêque d'Annecy, dévoila avec beaucoup de perspicacité, dans un mandement de Carême, les méthodes sataniques employées par les F∴-M∴ pour tuer l'influence du prêtre.

Voici quelques extraits de cette lettre :

"*Tenez le prêtre dans la servitude, et quand il s'avisera. de trouver ses chaînes trop pesantes, dites que c'est de la liberté.*

"*Donnez la liberté de conscience aux hérétiques, aux juifs, aux athées ; mais prenez garde que ni le prêtre ni le catholicisme n'en jouissent.*

"*Entravez, autant qu'il vous sera possible, le ministère du prêtre, séparez-le du peuple dont il est l'ami, le défenseur et le soutien.*

"*Ne permettez pas que les œuvres de bienfaisance qu'il a fondées passent par ses mains et le rapprochent du pauvre dont il est le confident et le consolateur.*

"*Ôtez-lui tout ce qui pourrait accroître la considération que le peuple a pour lui, chassez-le des conseils des assemblées délibérantes, des administrations, de partout, afin qu'il tombe dans la condition du paria.*

"*Mettez en tutelle tout ce qui lui appartient ; qu'il soit, s'il est possible, étranger dans le presbytère, sur le sol des morts et jusque dans son église.*

"*Écartez-le de l'enfance, chassez-le des écoles populaires.*

"*Sécularisez l'enseignement supérieur de manière à l'interdire au prêtre.*

"*Dans la crainte qu'il ne parle trop souvent à la raison du peuple, diminuez le nombre des fêtes, employez le dimanche à des exercices, des banquets, des réjouissances, des occupations qui éloignent le peuple de la morale évangélique ; dites-lui surtout que le travail sanctifie le dimanche mieux que la messe et la prière.*

"*Établissez des fêtes nationales, païennes ou de quelque nature qu'elles soient, pourvu qu'elles fassent oublier les fêtes chrétiennes.*

"*Pour affaiblir le prêtre, efforcez-vous de le séparer des siens, soulevez le simple prêtre contre son Évêque ; séparez Évêque du Souverain Pontife. Brisez le lien de la hiérarchie et l'Église croulera.*

"*... Au lieu des envoyés de Jésus-Christ et de son Église, ayez des maîtres de religion et qu'ils enseignent la vôtre.*

"*Tant que vous ne serez pas maîtres des consciences, votre pouvoir ne sera qu'un despotisme incomplet.*

"*Faites fermer les cloîtres, chassez les religieux, confisquez leurs biens, et quand ils seront réduits à la misère, privés des droits de citoyens, écartés des œuvres de bienfaisance, chassés des écoles, déconsidérés par nos publicistes, vous crierez plus fort que jamais contre leurs usurpations.*

"*Tout le monde ne vous croira pas, qu'importe Il y en aura toujours assez pour paralyser le parti-prêtre et nous aider à le détruire.*"

(Cité par Mgr Delassus,<br>dans *Le problème de l'heure présente*. I, p. 421.)

Sans doute que ces prédictions d'une rare clairvoyance ont dû passer pour exagérées en 1850. Mais de nos jours, les faits nous disent instamment leur terrible justesse.

En mettant de côté la religion révélée, la M∴ devait la remplacer par une autre doctrine qui servît de lien spirituel entre ses membres et sa fin ultime.

"*La Maçonnerie est une religion. Elle prétend sauver l'homme et le perfectionner... Elle se proclame elle-même la vraie religion, la religion de l'humanité... Or elle profane le nom de Dieu, elle profane les Saintes Écritures. Mais c'est surtout le Christ qui est exclu de leurs prières... Je les ai toutes analysées, et elles sont nombreuses.... Eh bien ! Il n'y en a pas une seule où Notre-Seigneur Jésus-Christ soit reconnu comme notre sauveur et notre médiateur. Or c'est là le renversement radical du christianisme."*

*"Quelle est la religion de la Maçonnerie ? C'est le pur déisme. Elle ne croit ni dans le Fils de Dieu, notre sauveur, ni dans le Saint-Esprit, notre sanctificateur. Elle ne croit pas davantage à la Bible, puisqu'elle en arrache l'Évangile, qui en est le couronnement. Quelle est donc sa foi ? Rien autre chose que ce que la pure nature nous indique."*

(Révd J. Day Brownles. Cité par Janet, p. 545.)

On veut

*"Convaincre l'initié que la Maçonnerie possède seule la vraie religion : le gnosticisme ; que toutes les autres religions, notamment le catholicisme, ont emprunté à la Franc-Maçonnerie ce qu'elles peuvent avoir de vrai ; enfin, que les autres religions ne possèdent en propre que ce qui est absurde et faux, voilà le but que l'on vise dans l'initiation au grade de Rose-Croix."*

(Paul Rosen, — *Satan & Cie*, p. 139.)

Quand je lis le Catéchisme de Chevalier Kadosch, je n'ai pas grand peine à découvrir la haine mystique qui en est responsable. En voici un petit aperçu :

*Demande — Que cherches-tu ?*
*Réponse — Lumière.*
*D. — Quelle lumière et pourquoi ?*
*R. — Celle de la Liberté, et pour ceux qui n'en abusent pas.*
*D. — Cherches-tu autre chose ?*
*R. — Vengeance.*
*D. — Contre qui ?*
*R. — Contre tous les tyrans temporels et spirituels.*

*D. — Qu'ont foulé tes pieds ?*
*R. — Des couronnes et des tiares papales.*
*D. — Pourquoi faire sommes-nous Kadosch ?*
*R. — Pour combattre à outrance et sans cesse toute injustice et toute oppression, procèdent-elles de Dieu, du Roi ou du Peuple.*

*... Je jure d'accepter toutes les lois et les règlements de l'ordre, faisant mon Credo de son Credo.*

*... Je foule aux pieds la tiare pontificale et papale... Je hais l'intolérance, l'hypocrisie, l'arrogance et l'usurpation du clergé.*"

D'après l'exposé qui précède, la religion des maçons est loin d'être spirituelle et surnaturelle ... Elle ne travaille aucunement à l'élévation des âmes ; mais elle les embrigade avec toutes leurs facultés pour le culte de la démolition dans les temples de Satan.

"*Notre religion,* disait en 1881 le fr∴ Bélat devant le Grand Orient de France, *est la religion naturelle, unique, universelle, immuable : c'est la franc-maçonnerie.*"

Et le F∴ occultiste Oswald Wirth écrit :

"*Le serpent inspirateur de désobéissance, d'insubordination et de révolte fut maudit par les anciens théocrates alors qu'il était en honneur parmi les initiés.*"

(*Le Livre du Compagnon,* p. 74.)

Ce dernier auteur nous avertit que "*de nos jours le programme de l'initiation n'a pas changé*" et que l'objet des mystères est de "*rendre semblable à la Divinité.*" En somme, c'est à la religion de l'orgueil ou de Lucifer qu'appartiennent les Frères ∴.

Cette religion a son **autel**, ses **cérémonies religieuses**, ses **Pontifes**, ses formules de **prières**, ses simulacres de **sacrements**, son **encens**, ses **cierges** et surtout ses **secrets** sacrés et inviolables.

Elle a son **dogme**, sa **morale**, sa **discipline**, son **droit canon** (qui n'oublie pas les sanctions), ses **directeurs spirituels**, ses **rituels**, ses **prédications**, enfin tout ce que peut avoir une **religion** bien organisée.

Mais celle qu'elle imite davantage est bien la religion catholique, sa plus implacable ennemie. Et si la F∴-M∴ étale tant de croix, sur sa **chasuble** d'initiation, sur la table des banquets, etc. ; si elle use du **pain** et du **vin** pour la **cène des douze** (nombre prescrit de chevaliers en loge) si, en un mot, elle modèle ses cérémonies sur celles du catholicisme, ce n'est que pour parodier grossièrement et de façon sacrilège une religion particulièrement détestée et qu'elle appelle **Superstition, Ignorance** et **Fanatisme**.

Elle qui aime tant la Lumière et la Liberté Vous allez voir : L'initiation est commencée depuis une heure. Le postulant a subi de nombreuses épreuves avec un bandeau sur les yeux. Il a sué sang et eau ; il a été soumis à toutes les humiliations et à tous les renoncements sans pouvoir se désister, puisqu'il a dû prêter un terrifiant serment dès le début de l'initiation qu'il a subie comme le symbole de sa nouvelle et glorieuse destinée. Enfin le **diacre** fait voir une éblouissante lumière au candidat. Celui-ci en est presque renversé. Devant lui, des frères tiennent solidement des épées dont la pointe est dirigée vers sa poitrine.

"*Ces épées,* dit le Vénérable, *protègent le maçon fidèle, mais elles punissent le traître. Tremblez !*"

"*Monsieur,* continue le Vénérable, *par votre conduite douce et candide, vous avez échappé ce soir à deux grands dangers, mais il en est un troisième qui vous menacera jusqu'à la dernière heure de votre existence.*

"*A votre entrée dans la loge, on présenta cette épée à votre sein découvert. Si vous vous étiez précipité témérairement en avant, vous vous donniez la mort sur ce glaive. Le frère qui tenait l'épée n'eût pas été responsable de cet acte, il n'eut fait qu'accomplir son devoir.*

"*De plus, la corde à nœud coulant que vous portiez au cou vous interdisait toute tentative de retraite. Elle vous eût étranglé, si vous eussiez voulu reculer.*

*"Voilà les deux dangers auxquels vous avez échappé.*

*Il en existe un troisième, et celui-là vous menacera jusqu'à la dernière minute de votre existence : c'est la pénalité de votre serment : d'avoir la gorge coupée plutôt que de révéler les secrets de la franc-maçonnerie."*

(Carlile, p. 7.)

Si cette société *"demande une inclination libre pour ses mystères"*, on est sûr qu'elle tient fanatiquement ceux qui y ont été initiés.

Voici un des cinq points sur lesquels la lutte, maçonnique appuie l'espérance de son triomphe :

*"Ces traités conclus forment une Loi Suprême qu'il n'est permis à personne d'examiner ou, de discuter. Le vrai Maçon doit s'incliner devant eux, s'y soumettre aveuglément."*

(*Satan & Cie*, p. 48.)

Un mot résume les titres pompeux qu'elle se donne : ils sont faux et apocryphes ; ils sont dignes de Lucifer qui les a conférés.

Une institution qui fait jurer par ses adeptes, le poignard en main : *"Mort aux prêtres et aux rois"* ; qui les conduit ensuite, la corde au cou, dans la salle d'initiation ; une institution qui se donne à elle-même le serpent pour symbole, jette à la liberté, au droit, à la vérité, à Dieu et aux hommes le plus insolent des défis.

---

# D. — La Maçonnerie est une immoralité

La Franc-Maçonnerie ne manque pas d'impudence quand elle se présente aux aspirants comme *"un système particulier de moralité, voilée sous l'allégorie et enseignée par des symboles."*

Nous connaissons trop le matérialisme de son dogme pour ne pas prévoir la sorte de morale qu'elle a à offrir.

Rien donc ne nous surprend moins que de lire dans une lettre de Viudice à Nubius :

*"C'est la corruption en grand que nous avons entreprise."*

Ou encore :

*"Le catholicisme, disait Piccolo Tigre aux agents maçonniques en Piémont, n'a pas plus peur d'un stylet bien acéré que la monarchie : mais ces deux bases de l'ordre social peuvent crouler sous la corruption ; ne nous lassons donc jamais de corrompre... Popularisons le vice dans les multitudes, qu'elles le respirent par les cinq sens, qu'elles le boivent, qu'elles s'en saturent. Faites des cœur vicieux et vous n'aurez plus de catholiques."*

(*Papiers secrets de la Haute-Vente*, -V. St. André, p. 634.)

Pourra-t-on jamais dire en moins de mots que la F∴-M∴ elle-même ce que celle-ci entend par son système particulier de moralité ? Voici :

*"La franc-maçonnerie a une morale particulière, elle exalte ce que le catholicisme condamne, elle condamne ce que le catholicisme exalte."*

(Bulletin du G∴ O∴, août-sept 1892, p. 520.)

Ce n'est pas compliqué ? Vous prenez l'Évangile, le catéchisme et toute la théorie catholique, vous en condamnez les ordonnances et vous en ordonnez les défenses, et ainsi vous connaissez dans ses détails la morale maçonnique. Dire qu'il se rencontre des gens qui discutent encore la question de savoir si la F∴-M∴ est immorale en elle-même ou si elle n'a que cédé de temps en temps à l'influence de ses mauvais serviteurs !...

Qu'il nous soit permis de répéter ici la citation de Weishaupt, fondateur de l'Illuminisme, et dont les écrits furent saisis et publiés par le gouvernement bavarois :

*"La fin justifie les moyens. Le bien de l'Ordre des Illuminés justifie la calomnie, l'empoisonnement, le parjure, la trahison, la révolution, enfin tout ce que les préjugés des hommes appellent crimes.*

*"Ne cessons donc jamais de corrompre et de semer le vice dans le peuple. Injectons le vice par tous les sens de l'homme, pour qu'ils en soient saturés. Nous avons entrepris la corruption en masse, et cette corruption nous permettra un jour de coucher l'Église dans sa tombe. Notre but est la destruction du catholicisme."*

Ce n'est pas précisément ce qu'on peut appeler le **nec plus ultra** de la philanthropie... Votre système particulier de moralité, messieurs les maçons de toutes dénominations, nous nous demanderons longtemps en quoi il peut être édifiant et civilisateur.

La liberté que vous prêchez, c'est seulement celle du vice. Le droit que vous prêchez, c'est donc celui à la corruption. Vous en usez, vous l'avouez, vous en tirez de la gloire. Dans vos documents les plus authentiques, vous étalez des lubricités que la perversité la plus effrontée paraîtrait tout d'abord incapable de produire, si vous n'avouiez pas que c'est la base même de votre religion, votre triomphe, votre commencement et votre fin.

Vous avez compris que pour désorganiser le corps social, le mieux était de le convertir en poussière par la pourriture, afin qu'un vent puisse le disperser.

Malhonnête dans son développement, destructrice dans son but, corruptrice dans ses moyens, la Franc-Maçonnerie est bien la plus perverse conception de Satan, son père et maître.

Nous en avons la meilleure idée synthétique dans la signification des différents degrés de son initiation, signification exprimée par Paul Rosen dans *Satan & Cie*.

## Les 33 degrés. [5]

01e degré. — Exploitation vicieuse de la Curiosité.
02e " — Exploitation vicieuse de l'Ambition.
03e " — Exploitation vicieuse de l'Orgueil.
04e " — Glorification de l'Athéisme et de l'Anarchie.
05e " — Mort à toute religion (l'Athéisme obligatoire.)
06e " — Glorification de la Vengeance.
07e " — Glorification du Mal.
08e " — Guerre au Bien.
09e " — Guerre à la Chasteté.
10e " — Guerre à la Loyauté.
11e " — Guerre au Droit Social.
12e " — Guerre à la Propriété Sociale.
13e " — Tout à la Corruption.
14e " — Exploitation corruptrice des théories déistes.
15e " — Exploitation corruptrice des pratiques déistes.
16e " — Exploitation corruptrice du Rationalisme.
17e " — Exploitation corruptrice du Patriotisme.
18e " — Exploitation corruptrice du Collectivisme.
19e " — Glorification de la Perversion.
20e " — Perversion des masses Populaires.
21e " — Perversion par les Passions et les Appétits.
22e " — Perversion des classes dirigeantes.
23e " — Perversion des Institutions.
24e " — Perversion de la Liberté.
25e " — Perversion de l'Égalité.
26e " — Perversion de la Fraternité.
27e " — Perversion de l'Intellectualité.
28e " — Glorification du Naturalisme.
29e " — La négation du Créateur.
30e " — Glorification de l'Hypocrisie.
31e " — Parodie avilissante de la Justice.
32e " — Parodie avilissante de la Légalité.
33e " — Glorification de Satan.

---

5. — Nous ne donnerons ici rien autre chose que les titres de 33 chapitres du livre en question.

On comprend qu'après avoir passé des degrés aussi ascendants que ceux-là, ce doit être en des termes fameux que va s'adresser le Président au récipiendaire du Cordon du 33e degré [6]. Les voici :

> *"Je vous décore du Grand Cordon des Souverains Grands Inspecteurs Généraux, de l'insigne de l'honneur suprême, du symbole du nec plus ultra humain. Sa couleur blanche vous indique que c'est en conservant la pureté immaculée de votre âme que vous vous êtes rendu digne de paraître au rang suprême que vous venez d'atteindre."*
>
> (*Satan & Cie*, p. 232.)

Mais ce qu'on comprend davantage, c'est que les Maçons ont raison d'exiger le secret de leurs membres. Ils ont un jeu qu'il ne faut pas laisser voir sous peine de perdre la partie. Aussi le cachent-ils avec soin, se défiant même des partenaires à qui ils font dire solennellement pendant l'initiation :

> *"Je préférerais avoir la gorge coupée, plutôt que de manquer à ce serment... Si jamais je deviens parjure, puissé-je avoir le cœur arraché, le corps brûlé, et mes cendres jetées au vent, afin qu'il ne soit plus mémoire de moi parmi les maçons."*
>
> (*Rituel des trois premiers degrés symboliques de la F∴-Maç∴ Ecoss∴*, p. 32.)

Ce sont ces gens-là qui ont fait chasser de France les religieux qui, liés par des vœux, n'étaient plus, à leur sens, des citoyens dignes de la patrie, parce qu'ils n'étaient plus libres.

Hypocrites ! Bandits à qui on a mis les menottes à la langue et au cerveau pour les faire marcher en rangs serrés dans le chemin de la bêtise et de l'immoralité ! Ne protestez pas, messieurs les esclaves de la F∴-M∴ , car voici la formule de votre vœu :

---

6. — On nous dira — c'est même déjà fait — que Paul Rosen est un mystificateur à la façon de Léo Taxil et que son témoignage doit être considéré comme étant de peu de valeur. Si nous n'osons pas le nier, nous pouvons au moins nous demander comment Rosen aurait pu jouer à la comédie avec ses lecteurs si jamais il n'a désapprouvé son livre au bénéfice de l'Ordre dont il dit tant de mal. (Qu'on nous prouve que la conversion de Rosen n'était pas sincère et nous cesserons de le prendre au sérieux.)

> *"Je jure et promets sur ce glaive, symbole de l'honneur, et sur le livre de la loi de garder inviolablement tous les secrets qui me seront confiés par cette Respectable Loge, ainsi que tout ce que j'y aurai vu et entendu dire ; de n'en jamais rien écrire que je n'en aie reçu la permission expresse, et de la manière qui pourra m'être indiquée. "*
>
> (*Cahier du grade d'apprenti du G∴ O∴* ,
> édition 1880, p. 21.)

Secret dans sa direction, hypocrite dans son action, immoral dans ses moyens, tel est bien le maçon qui se dit franc.

Dans son livre saisissant :
*Comment je suis entré dans la Franc-Maçonnerie et comment j'en suis sorti*, (Paris, Perrin & Cie, 1905, p. 64), M. Colpin Albancelli écrit :

> *"J'étais surtout frappé de la contradiction qui existait entre les prescriptions contenues dans les statuts de la Société et les actes quotidiens des sociétaires. Liberté, tolérance, interdiction de s'occuper des questions politiques, voilà ce que je lisais dans les statuts. Fanatisme, intolérance, haine, voilà ce par quoi je me laissais dominer et ce à quoi obéissaient tous mes frères. "*

Il n'y a pas de profanations auxquelles ils refuseront de s'abaisser, sur un mot d'ordre de leur chef.

En 1835, un membre de la Haute-Vente, Malegari de Londres, écrivait au docteur Breidestein :

> *"On exige de nous des choses qui, quelquefois, sont à faire dresser les cheveux sur la tête ; et croiriez-vous qu'on me mande de Rome que deux des nôtres, bien connus pour leur haine du fanatisme ont été obligés, par ordre du Chef Suprême, de s'agenouiller et de communier à la Pâque dernière ? Je ne raisonne pas mon obéissance, mais j'avoue que je voudrais bien savoir où nous conduiront de pareilles capucinades. "*

C'est bien simple : vos capucinades serviront à cacher votre possession diabolique. Nous avons déjà dit que le démon ne voulait pas être reconnu et qu'il prend la peau de l'agneau pour entrer dans la bergerie. Le mensonge est son arme favorite. Il en est le père et le nourricier. Il veut même qu'on croit en la moralité du mensonge. Un des plus sinistrement illustres maçons, Diderot, a dit :

> *"Le mensonge est si peu essentiellement condamnable en lui-même et par sa nature qu'il deviendrait une vertu s'il pouvait être utile."*
>
> (*Système Social*, part. I, chap. 2.)

Cette vertu maçonnique est d'autant plus prêchée qu'elle est la plus grande force du malfaiteur. Aussi,

> *"Il ment comme il respire, sans le moindre effort, et c'est là un des fruits de l'éducation maçonnique."*
>
> (*Le Grand Orient de France*, par Jean Bidegain.)

> *"La multitude, enseigne-t-on, a eu de tout temps une extrême propension pour les contre-vérités. Trompez-la. Elle aime à être trompée."*
>
> Crétineau Joly, — *L'Église Romaine*,
> v. Mgr Delassus, *Le Problème*, etc. I, p. 371.)

Cependant, encore une fois, il ne faut pas que ça paraisse. Weishaupt, le fondateur de l'Illuminisme, l'a bien dit dans ses instructions :

> *"Appliquez-vous, dit-il, à la perfection intérieure et extérieure, à l'art de vous contrefaire, de vous cacher, de vous masquer en observant les autres, pour pénétrer dans leur intérieur."*

> *"Un mot qu'on invente habilement et qu'on a l'art de répandre dans certaines honnêtes familles choisies, pour que de là il descende dans les cafés, et des cafés dans la rue, un mot peut quelquefois tuer un homme... Montrez, ou plutôt, faites montrer par quelque respectable imbécile ces feuilles où sont relatés les noms et les excès arrangés des personnages. Comme la France et l'Angleterre, l'Italie ne manque jamais de ces*

*plumes qui savent se tailler dans des mensonges utiles à la bonne cause... Il (le peuple) est dans l'enfance du libéralisme, il croit aux libéraux comme plus tard il croira en nous ne savons pas trop quoi."*

(Le problème de l'heure présente,<br>
— Mgr Delassus, I, p. 356.)

Le pape Clément XII avait bien raison :

*"S'ils ne faisaient point de mal, ils n'auraient pas cette haine de la lumière"*, lisons-nous dans Constitution Apostolique *"In Emenenti"*, 1738.

---

## E. — La Maçonnerie est antifamiliale

Au nom de la maçonnerie, les parents devront se laisser voler leurs enfants. Le lien indissoluble du mariage devra être rompu. La famille sera brisée. Un coup mortel sera porté aux traités les plus sacrés. Le sanctuaire de l'école sera profané et en quelque sorte désaffecté : peu importe qu'il devienne un théâtre de corruption et d'incrédulité, pourvu que le veuille la volonté maçonne, la loi maçonne.

Ce sera même au nom de cette loi qu'il faudra chasser, à coups de crosses de fusils, les héroïnes de la pitié et de l'amour, comme les semeurs de vérité et de pardon. Toujours au nom de la loi, ou plutôt du mot dont on la désigne, il faudra pourchasser le nom même de Dieu, source de tout droit.

*"La raison sera alors le seul livre des lois, le seul code des hommes"*, conclue Bazot, ex-secrétaire du Grand-Orient. (*Tableau historique, philosophique et moral de la Franc-Maçonnerie* ; p. II.)

Or qu'enseigne la raison, lorsqu'elle est dans les mains sales du démon et de ses agents humains ? Le mal sous l'apparence du bien. C'est la marque infaillible des œuvres sataniques. Voici ce qu'écrivait en 1938 S. E. Mgr Gagnon, évêques de Sherbrooke, dans un communiqué à ses diocésains :

> *"Plus souvent, l'auteur de tout mal prend une autre voie. Il cherche à faire aimer ses œuvre.' : pour cela, il essaie de changer les ténèbres en lumière et à présenter le mal comme le vrai bien. Pour y réussir, tous les moyens lui sont bons, il détourne de leur fin les meilleures inventions, il n'est pas de bien qu'il n'emploie à servir le mai."*

Les preuves de cette vérité abondent dans l'étude de la Franc-Maçonnerie.

Par exemple, la Constitution du Grand-Orient de France déclare solennellement que *"l'ordre des F∴-M∴ a pour objet la bienfaisance, l'étude de morale et la pratique de toutes les vertus."* Mais après un petit examen, nous avons vite constaté l'hypocrisie du Grand-Orient : la bienfaisance, la morale et les vertus ne sont pas des inventions diaboliques ; par contre, la Franc-Maçonnerie est fille légitime de Satan. Mais comme elle n'a besoin de personne pour témoigner contre elle, écoutons plutôt ses membres dire ce qu'ils pensent de la famille et de son prolongement, l'école.

Pendant la Commune, à une réunion du Conseil Central à l'Hôtel-de-Ville de Paris, le citoyen Gratien nous dit ce qu'il pensait de la famille.

> *"La famille, dit-il, c'est l'obstacle, elle est à détruire, si l'on veut arriver à donner à tous une éducation égale et révolutionnaire ; puisque nous abolissons l'hérédité, l'enfant n'est plus l'héritage du père et de la mère, il appartient à l'État."*

(Cité par Maxime du Camp, — *Les convulsions de Paris*.)

> *"Le commandement d'aimer ses pères et mères prouve que l'amour des enfants est plus de l'ouvrage de l'habitude et de l'éducation que de la nature."*

dit le célèbre F∴ Helvétius, — (*De l'Esprit*, dix. 4, chap. 10.)

Maître Ragon nous rapporte que dans le mariage maçonnique, en face des nouveaux conjoints, un dialogue s'engage entre le vénérable et le premier surveillant :

> *"Que pensez-vous, demande le vénérable, de l'indissolubilité du mariage ?*
> *— Qu'elle est contraire aux lois de la nature et de la raison.*
> *— Et quel doit en être le correctif ?*
> *— Le divorce."*

> *"Nous n'admettons pas, entre citoyens libres, les liens indissolubles et les contrats sans clause résolutoire"*, écrit le F∴ Blatin dans son *Rituels Maçonniques pour tenues blanches* (p. 20.)

Fidèle à sa négation du principe de l'autorité, la F∴-M∴ répand l'idée fausse que l'enfant et son éducation appartiennent seulement à l'État. Elle lutte pour le monopole étatiste de l'enseignement, afin de tuer sans persécution ouverte l'enseignement congréganiste.

> *"Le monopole n'est pas un but,* disait un orateur du Convent de 1901, *c'est un moyen pour mater les congrégations ou pour combattre la concurrence que fait l'enseignement congréganiste à l'enseignement laïque."*
> 
> (Compte-rendu du Convent de 1901,
> — v. *Les Jacobins au pouvoir*, par Paul Nourrisson,
> Paris, Perrin & Cie, 1904, p. 126.)

Nous lisons encore dans les *Rituels* du F∴ Blatin (1895) :

> *"Que l'instruction laïque, obligatoire, donnée par l'État soit seule autorisée et que les parents qui voudraient instruire les enfants à domicile ne puissent le faire, qu'avec le concours d'instituteurs ou d'institutrices approuvés et présentés par l'État !"*

# F. — La Maçonnerie veut l'école neutre

Quand les F∴-M∴ ont réussi à faire reconnaître l'école neutre dans un pays, comme la seule école officielle, sa tâche est à peu près finie : comment n'être pas sûr d'un peuple dont les enfants lui appartiennent ? Quand on n'a plus rien à détruire, il ne reste qu'à surveiller la construction pour qu'elle ne s'entreprenne pas, ou voir à ce qu'elle échoue, si elle s'entreprend.

Avoir la jeunesse, c'est être maître de l'avenir. Une génération bâtie sans Dieu et contre Dieu sera toujours aimable à l'égard d'une secte qui substitue le triangle à la Trinité.

Pour installer l'école neutre dans un pays catholique, il ne faut cependant rien casser. Les laïcisateurs le savent, et c'est pourquoi ils sont prudents : si la F∴-M∴ se montre audacieuse, provocatrice, violente, elle s'expose trop à des corps à corps où elle risque sa défaite. Elle se montre, au contraire, insidieuse, prévenante, tortueuse : et quand on la découvre, elle se dérobe si bien qu'on ne peut la saisir.

L'hypocrisie est pour elle un trait si caractéristique que son masque est introuvable, même quand on croit le tenir.

C'est le serpent qui se faufile venimeusement et qui fait officiellement un pieux signe de croix avant de commencer sournoisement ses besognes les plus impies.

Il manifeste le plus hautement possible son attachement à la hiérarchie et son extrême sollicitude pour la cause de l'éducation. Il réussit à se faire accepter comme auxiliaire dans la poursuite d'une œuvre aussi importante. Aussitôt, il marquera son insolente protection en déclarant et soutenant que l'instruction chez ses congénères est absolument inférieure. Surtout, il s'arrangera pour que d'autres le crient avec lui sur tous les toits. Bien entendu, il n'essaiera pas de le prouver : les preuves sont trop contre son affirmation. Qu'importe il faut crier y aura toujours assez d'imbéciles pour dire comme lui et applaudir.

Si les parents pouvaient seulement avoir un doute contre l'efficacité de l'école catholique, ils seraient pour des réformes, et ce serait le commencement de la victoire.

Comme première réforme, puisqu'ils en demandent, les maçons leur proposeront que le prêtre ait moins d'influence dans leurs écoles. Ils leurs diront ensuite qu'un enfant qui passe son temps à étudier l'histoire sainte et le catéchisme ne peut pas savoir autre chose et qu'il n'est pas outillé pour prendre des postes de commande et réussir dans la vie.

Après, ils créeront du malaise autour de l'enseignement par les religieux, prétendant qu'ils ne connaissent pas la vie et ses exigences. Et vite le F∴-M∴ encense le religieux, exalte son zèle et son dévouement inlassable (il ne faut pas paraître son adversaire), mais il soutient qu'il ne répond pas aux besoins de la société présente et que le laïc doit être le type idéal de l'éducateur.

Cependant, on a soin de recouvrir d'une crème douce les propositions trop crues ; on enrobe dans du chocolat les affirmations trop brutales, et au lecteur ou auditeur naïf, conquis et reconnaissant, on, offre, au lieu du brin d'acacia, la branchette de laurier.

Pauvres parents ! Pauvres enfants ! Pauvre république ! Pauvre démocratie Ils sont nombreux ceux qui se battent sous prétexte de vous sauver et d'améliorer 'votre situation, mais ce sont trop souvent vos mortels ennemis Sachez au moins vous méfier. Vous imposerez-vous une autorité criminelle comme celle de la Franc-Maçonnerie ? Il n'est pourtant pas raisonnable que les pieds donnent des directions à la tête... Êtes-vous prêts à admettre que la loi éternelle ne doive plus commander à la raison humaine, et que la règle ultime du droit réside dans la volonté brutale d'une majorité ? Parce que le F∴ Rousseau a décidé que la loi est l'expression de la volonté générale", allons-nous tous nous agenouiller devant ce fétiche ? Allons-nous d'emblée condamner S. Thomas qui enseigne que "la loi est une ordonnance de la raison pour le bien commun, promulguée par celui qui a la charge de la communauté ?"

Allons donc ! Il faut pourtant que la raison finisse par avoir raison...

## Objections

Si la Franc-Maçonnerie est si perverse, si ennemie du christianisme et de l'autorité, comment expliquer que des ministres et même des évêques protestants en fassent partie, et que des rois abritent de leur pourpre des loges activement antimonarchiques ?

C'est qu'ils ne sont peut-être pas libres de s'en tenir éloignés... C'est plus probable, surtout, qu'ils ne connaissent pas la véritable portée de la F∴-M∴ aux mystères de laquelle ils sont si peu initiés qu'ils sont simplement mystifiés.

W. Wilmshurst, un haut dignitaire des Loges, écrit dans *The Masonic Initiation*, p. 42 que :

*"Pour ceux qui désirent seulement une organisation sociale agrémentée d'un peu de cérémonial pittoresque et fournissant une occasion de distraction ou de distinction personnelle, la Maçonnerie ne sera jamais plus que la formalité qu'elle a longtemps été et qu'elle est toujours pour beaucoup, et eux-mêmes resteront toujours dans l'ignorance de sa signification, de son but et de ses grandes possibilités."*

C'est-à-dire que ces gens, même s'ils portent pesant de titres et d'avancements, ne vont ordinairement pas au-delà des *"degrés bleus"* qui ne sont, d'après Albert Pike (un 33e authentique celui-là), *"que le parvis ou l'antichambre du Temple."*

Oswald Wirth que nous avons déjà plusieurs fois cité n'est pas moins explicite :

*"Quantité de Maçons s'imaginent connaître la Maçonnerie, alors qu'ils ne soupçonnent même pas l'existence de ses mystères et de son ésotérisme."*

(*Le Livre de l'Apprenti*, p. 118.)

Sans doute,

> *"Une partie des symboles y est divulguée à l'initié, mais ce dernier est intentionnellement induit en erreur. On ne veut pas qu'il les comprenne. Leur vraie explication est réservée aux adeptes, aux princes de la Maçonnerie."*
> 
> (A. Pike, *Morals and Dogmas of the ancient and accept Scottish Rite*, p. 819.)

Donc, les princes ne sont pas invités dans la Maçonnerie pour apprendre que leurs trônes seront abattus par leurs frères, mais — c'est un haut dignitaire de la F∴-M∴ anglaise qui le dit —

> *"Ils sont placés dans leurs positions honorifiques et administratives (qu'ils remplissent néanmoins efficacement et admirablement) simplement pour donner à l'ordre une sanction sociale et... pour mettre nos mystères en bonne grâce."*
> 
> (W. Wilmshurst, — *The Masonic Initiation*, p. 203.)

Enfin, qu'un très grand nombre de maçons soient de bonne foi, qu'ils affichent beaucoup de bonne volonté, qu'ils ignorent l'existence du plan anti-traditionnel, anti-spirituel et anti-chrétien de leur Ordre, nul ne le contestera. Peut-être même pourrions-nous affirmer que c'est le cas de la majorité de ceux appartenant aux loges anglo-saxonnes ou du rite Écossais. C'est ainsi que beaucoup d'entre eux seraient bien davantage scandalisés par la lecture de ces pages que par la nocivité insoupçonnée de leur fraternité. Mais il ne faut pas oublier ce que leurs écrivains eux-mêmes affirment, à savoir que ceux-là ne savent même pas qu'ils ne savent rien de la véritable signification et de l'intention finale de cette fraternité.

Quand ils exécutent des consignes d'apparence inoffensives, voire même bienfaisantes, ils croient vertueusement venger les accusations de leurs dénonciateurs.

Et s'il leur faut absolument admettre que la corruption a pu se glisser dans la Franc-Maçonnerie continentale ou latine, ils croiront défendre la leur en alléguant que c'est pour rester fidèle à l'originelle formule du **Grand Architecte de l'Univers** qu'elle s'est séparée du Grand Orient en 1877.

Plusieurs d'entre eux vont jusqu'à affirmer que leur secte est chrétienne, vu que la Sainte Bible, dans la même mesure que l'Équerre et le Compas, est si nécessaire à l'ameublement de la Loge qu'il ne peut y avoir de délibérations régulières sans qu'elle repose sur l'autel du Vénérable.

Nous ferons d'abord remarquer à ces braves gens que le fait d'exhiber les Écritures n'est pas plus une preuve de christianisme que la possession d'un livre de prières n'est un certificat de piété. D'autant plus qu'ils savent déjà que jamais la Bible n'est lue dans leur Temple. Elle n'y est que comme symbole. Et parce qu'elle est toujours surmontée de l'équerre et du compas, peut-être que sa position indique elle-même aux plus initiés le sens antichrétien de sa présence.

Ce qui est certain, c'est qu'Albert Pike, une des plus haute autorités de la Maçonnerie anglo-américaine, est d'avis que la Kabale est de beaucoup supérieure à la Bible. Voici ce qu'il écrit dans "*Morals and Dogmas of the ancient and accept Scottish Rite*", livre préparé pour le suprême conseil du 33e degré de la juridiction sud des États-Unis :

"*La Bible, avec toutes les allégories qu'elle contient, n'exprime que d'une manière incomplète et voilée la science religieuse des Hébreux... Le Pentateuque et les poèmes prophétiques étaient seulement des livres élémentaires de doctrine morale ou de liturgie ; la vraie philosophie secrète et traditionnelle ne fut écrite que plus tard sous des voiles encore moins transparents. Ainsi naquit une seconde Bible inconnue des chrétiens, ou plutôt incomprise par eux.*

"*... Toutes les vraies religions dogmatiques sont issues de la Kabale et y retournent... Toutes les associations maçonniques lui doivent leurs secrets et leurs symboles... Seule, elle réconcilie la Raison avec la Foi, le Pouvoir avec la Liberté, la Science avec le mystère ; elle a la clé du présent, du passé et du futur.*"

(M. and D., p. 743 et 745.)

Pour ce qui est du Grand Architecte de l'Univers, nous avons assez pris contact avec la pensée des super-maçons pour savoir que sa signification ne correspond en rien à la notion qu'ont les croyants de la Divinité [7].

En tout cas,

> *"La Franc-Maçonnerie se garde bien, écrit Oswald Wirth, de définir le G. A. et laisse à chacun de ses adeptes pleine latitude pour s'en faire une idée conforme à sa foi ou à sa philosophie."*
> (*L'Idéal Initiatique*, p. 2.)

Mais alors, si la Franc-Maçonnerie honore une divinité qui n'a pas de signification objective : si son admission en Loge et sou invocation ne sont que des gracieusetés accordées aux frères pour ne pas heurter les sentiments de leur première éducation ; si enfin ces derniers peuvent, pendant un certain temps, penser et disserter diversement sur la nature d'un officiel dieu quelconque ; ne serait-ce pas que la Franc-Maçonnerie, comme telle, n'est pas intéressée au problème ? En d'autres termes, si elle admet dans ses rangs des croyants de toutes nuances, prenant l'air de les respecter toutes, elle n'a pour elle-même aucune croyance.

Et l'intime consolation que la secte accorde à ses enfants n'est que pour mieux cacher son propre panthéisme, pour ne pas dire son athéisme [8]. Si cette hypocrisie lui répugnait, non seulement

---

7. — *" Bien que prise dans son ensemble, la secte fasse profession de croire à l'existence de Dieu, le témoignage de ses propres membres établit que cette croyance n'est pas, pour chacun d'eux individuellement, l'objet d'un assentiment ferme et d'une inébranlable certitude. Ils ne dissimulent pas que la question de Dieu est parmi eux une cause de grands dissentiments."*

(Léon XIII, *Encyclique* Humanum Genus.)

8. — *" En ouvrant leurs rangs à des adeptes qui viennent à eux des religions les plus diverses, ils deviennent plus capables d'accréditer la grande erreur du temps présent, laquelle consiste à reléguer au rang des choses indifférentes le souci de la religion, et à mettre sur le pied de l'égalité toutes les formes religieuses. Or, à lui seul, ce principe suffit à ruiner toutes les religions, et particulièrement la religion catholique ; car, étant la seule véritable, elle ne peut, sans subir la dernière des injures et des injustices, tolérer que les autres religions lui soient égalées."*

(Léon XIII, Encyclique *Humanum Genus*.)

son recrutement en souffrirait énormément, mais toute la cause maçonnique aussi.

De toute façon, pour que les honneurs accordés au G∴ A∴ de l'U∴ aient une valeur réellement religieuse, il faudrait que les Maçons cessent de nous dire que leur dieu n'a rien de commun avec celui des chrétiens. Car, Pie XI nous la fait remarquer dans son encyclique *Mit Brennender Sorge* :

> *"Ne croit pas en Dieu celui qui se contente de faire usage du mot Dieu, mais celui-là seulement qui à ce mot sacré unit le vrai et digne concept de la Divinité."*

Que les maçons du rite Écossais soient moins fanatisés et moins actifs que ceux du rite latin, c'est un fait incontestable.

Mais parce que la Franc-Maçonnerie anglo-saxonne ne pousse pas à fond de train et immédiatement aux ultimes conséquences de ses principes, cela ne veut pas dire qu'elle diffère essentiellement de l'autre. Le tempérament plus froid des peuples chez qui elle se recrute explique à lui seul la nécessité de recourir à des méthodes moins fiévreuses et plus calculatrices, partant plus difficiles à découvrir et finalement plus dangereuses [9].

Avis donc aux personnes qui, loin de voir une menace dans la Franc-Maçonnerie, croient naïvement qu'elle puisse être un rempart contre les éléments destructeurs. Car vouloir opposer la Loge à la Révolution serait aussi insensé que de vouloir, opposer le nazisme au bolchevisme, ainsi que nous le verrons un peu plus loin.

Pour conclure, disons seulement que tous les maçons de tous les rites et de toutes les couleurs, à quelque degré qu'ils appartiennent, travaillent, directement ou indirectement, sciemment ou inconsciemment, vertueusement ou hypocritement, à l'édification de la contre-Église et à l'écrasement haineux des élites véritables.

---

9. — C'est à cause de son tempérament qu'en 1896, G. Langlois, compatriote de regrettable mémoire, se retirait de la Loge des Cœurs-Unis sous prétexte qu'il n'y trouvait pas assez d'anticatholicisme, et qu'il préférait les activités plus radicales de la Loge d'Emancipation.

Car, ce que nous avons affirmé et prouvé, J. Marquès Rivière nous le fait justement remarquer :

*"Il existe une contre-Église avec ses écritures, ses dogmes, ses prêtres, et la Franc-Maçonnerie en est un des aspects visibles."*
(*opus cit.*, p. 242.)

Personne donc ne pourrait plus se justifier de défendre la secte, d'applaudir ses mouvements, d'avoir confiance aux hommes qui la servent et aux réformes qu'elle propose : Elle s'est amenée elle-même devant le tribunal, elle a témoigné contre elle-même, elle a avoué clairement sa culpabilité, elle s'est jugée et condamnée. Comment alors ne pas taxer de mauvaise foi, de lâcheté, et même de folie, quiconque tenterait encore de l'excuser et de la gracier ?

# TROISIÈME PARTIE

---

## LE NAZISME

OU

### NEO -PAGANISME

*"Même parmi ceux qui se prétendent les défenseurs de l'ordre contre les forces qui cherchent à détruire la civilisation et contre la difusion du communisme athée, parmi ceux qui réclament la direction de ce mouvement de défense, c'est avec douleur que nous en voyons plusieurs qui sont pénétrés et qui s'inspirent d'idées fausses et pernicieuses et dans le choix des remèdes et dans leur appréciation de leurs adversaires."*

Pie XI, — Message radiophonique
du 24 déc. 1938.

# CHAPITRE PREMIER

---

## STRATÉGIE INFERNALE

Quand Satan a terminé l'organisation d'un corps social destructeur, qu'il l'a gavé des principes de sa malice et investi d'une grande puissance de faire le mal, il essaie de lui gagner, par une publicité menteuse, les faveurs de toute l'humanité.

Mais s'il constate que son premier plan compromet ses chances au près de tel ou tel peuple, parce que celui-ci est porté par ses traditions et sa mentalité à une autre sorte de vertige, il réforme aussitôt ses hordes pour l'amener dans son piège par un autre chemin.

Il perfectionnera alors ses moyens de combat et fera monter une autre abominable marée d'efforts qui submergera ce peuple et, autant que possible, d'autres avec lui.

Il est donc très important que l'excitateur invisible du nouvel assaut n'épouvante pas le nouvel élu : pour cela, il le convaincra de son impérieux devoir d'abattre la barbarie voisine. Le démon se gardera bien cependant de laisser comprendre qu'il suscite une plus grande barbarie.

C'est ainsi qu'en lui injectant le poison du nazisme, il a pu utiliser le peuple allemand pour servir indirectement la cause communiste.

Porté par instinct à la passion de la primauté, ce peuple ne pouvait pas, sans réaction, subir l'influence — et encore moins la domination — d'un bolchevisme étranger. Il ne pouvait pardonner à la Russie d'avoir assimilé plus vite que lui les enseignements de Fichte, d'Hégel, de Nietzsche, de Feuerbach et autres philosophes matérialistes allemands.

Et comme ce peuple a l'obscure sensation d'être le seul fils légitime de la nature, il s'est découvert, devant le danger d'absorption, la grande mission d'emmagasiner tout le sang aryen au dedans d'une frontière unique d'où il gouvernerait, comme une providence nouvelle, l'humanité dont il se croit le créateur.

Satan l'a convaincu de son hégémonie et de son impérieuse mission de redresser toutes les valeurs, tant religieuses qu'intellectuelles, sociales, morales et politiques.

Avec cela un rêve millénaire de victoire et une nostalgie constante de conquête n'était pas pour atténuer la tendance qu'ont les Allemands à croire qu'il possèdent la puissance divine et qu'ils sont eux-mêmes la source du droit. Aussi ont-il trouvé naturel que "Teutsch", leur féroce dieu de la guerre, donnât son nom à leur peuple[10].

---

10. — "*Cette mentalité de l'Allemand, adorateur de la force, bénéficie de la violence, explique sa haine perpétuelle contre la civilisation, qui est une organisation du monde basée sur le travail et la justice. Aussi la plupart de ses grandes guerres sont-elles des luttes contre la civilisation et des luttes d'extermination. Il sent plus ou moins clairement qu'entre sa race et les autres aucun compromis n'est possible.*"

(C.-M. Savarit, — *La Revue hebdomadaire*, 1915, n° 36.)

# CHAPITRE DEUXIÈME

### LE NÉO-PAGANISME

Le néo-paganisme allemand est vieux de plusieurs siècles, bien que le nom soit plutôt neuf. C'est le résultat de l'ancienne éducation pangermanique qui, à mesure qu'elle se matérialise, tombe dans la biologie purement et simplement.

Pour le peuple allemand, seul le sang dont il est issu est rédempteur et régénérateur. *"Nous sommes le sel de la terre"*, disait l'empereur Guillaume à Tanger ; *"l'Allemagne est la lumière du monde*, chantait le poète Wolfskehl, *car elle est une partie de Dieu."*

Même le Christ de douceur et de tendresse a été germanisé : *"S'il a existé, il était allemand"*, a décidé Rosenberg[11].C'est à

---

11. — Avant de tirer une conclusion aussi osée, Rosenberg a eu soin de préparer les esprits à la recevoir en niant d'abord que le Christ fut de race juive et en affirmant d'autre part son ascendance aryenne, au risque même de rendre douteuse sa dernière conclusion.
*"La jeune génération doit considérer la grande personnalité du fondateur du christianisme dans sa propre grandeur, sans ces fausses mixtures dont des Juifs fanatiques comme Matthieu, des rabbins matérialistes comme Paul, des juristes africains comme Tertullien, ou des sophistes subtils comme Augustin ont fait un affreux mélange."*
(*Le mythe du XXᵉ siècle*, p. 13.)

cette condition qu'il fut accepté par l'âme orgueilleuse et violente de cette race qui croit faire corps avec la divinité.

Pour l'Allemand, Dieu est essentiellement nordique. Et s'il doit être personnifié, ce ne peut être que par le sinistre Wotan. Si donc il faut absolument recevoir le Christ en Allemagne, qu'on croit au moins qu'il est Wotan incarné. Dans ce cas, il n'a pas promulgué l'Évangile d'amour qu'on lui a prêté : car la haine, la violence et la guerre sont des vertus divines, puisqu'elles sont allemandes [12] :

*"Barbares nous sommes, barbares nous resterons, barbares nous voulons rester. O bon, ô brave Michel allemand qui as la vigueur de l'ours et la candeur de l'enfant, tu es l'homme de la force."*

Quand on comprend l'âme allemande, on s'explique plus facilement le retentissant succès du protestantisme au XVIe siècle. Les propositions luthériennes d'un christianisme national furent reçues comme une charte de délivrance : enfin, le pape de Rome ne commanderait plus à l'âme des Barbares ! On allait maintenant pouvoir compter sur une interprétation nationale des Écritures, sur une foi religieuse allemande !

---

A la page 76, l'auteur est prêt à admettre que Jésus tien son origine d'une mère syrienne et d'un père romain, en s'appuyant sur une prétendue affirmation de saint Ephrem, invention dont l'auteur allemand E. Jung est seul responsable.

Ailleurs (p. 27), Rosenberg n'a pas d'objection contre cette autre hypothèse qui veut que le Christ fut galiléen, vu que la Galilée était une région assez cosmopolite pour que Jésus fût de race nordique.

12. — *"La guerre n'est pas seulement inévitable, elle est un bien. On devrait trouver normal qu'à certaines époques les nations s'égorgent en masse. Et la science militaire moderne doit enseigner l'art de détruire, d'écraser, de brûler ou d'empoisonner son prochain. La guerre est la formule la plus élevée de l'exercice physique ou moral, chez l'homme. La vie nous étant donnée, ne nous appartient pas, mais appartient plutôt à la "race" et à l'État. Offrir son sang est le premier de tous les devoirs sociaux. Il faut inculquer aux enfants l'idée et le goût de la guerre. Les mères doivent comprendre que les enfants qu'elles portent doivent être éduqués de façon à pouvoir plus tard tuer les enfants des autres. Et le guerrier mourant doit verser joyeusement son sang pour le "dieu national". La religion et l'Église doivent plus efficacement servir l'idée de guerre et la philosophie guerrière. Ainsi, ce devrait être une conviction spirituelle que le typhus, la peste et autres infections peuvent devenir une arme mortelle contre l'ennemi."*

(Le professeur allemand Ewald Banse, de l'école technique de Brunswick.)

Cette voie ouverte sur la libre pensée fut le théâtre d'une course effrénée vers une indiscipline religieuse telle, que le *Kulturkampf* de Bismarck n'en a pas vu le bout : il fallait le nazisme pour en manifester les dernières conséquences.

Sans doute, il y a eu et il y a encore des chrétiens authentiques en Allemagne (les catholiques, pour leur part, sont au nombre de 34 millions), mais l'humiliante défaite de la Croix ne pouvait pas être une base mystique pour l'orgueil héréditaire d'une race qui veut spontanément que "*l'Allemagne et Dieu s'appartiennent l'un à l'autre*" et que "*l'âme germanique est l'âme de Dieu*" dont la fin est de régner sur tous les peuples par une violente conquête [13].

Théodore Fritsch représentait donc une commune mentalité quand, en 1909, dans sa revue *Der Hammer*, il osait écrire :

*"Malheur au peuple qui se conduit chrétiennement en un temps où a éclaté la bataille pour la possession du monde."*

Avec la défaite militaire de 1918 s'est affaissé ce qui restait de christianisme dans l'âme malade du peuple-Dieu. On était d'avis qu'un Dieu international qui a pu vouloir Versailles ne pouvait pas être le Dieu des Allemands. Il fallut donc en créer un qui fût bien national.

C'est pourquoi on entreprit un *"Mouvement de foi allemande"* sous la direction de Ludendorff, de Rosenberg, de Wilhelm, de Jrause et de quelques autres, mouvement qui devait rénover la face

---

13. — Les événements actuels démontrent bien jusqu'à quel point Henri Heine connaissait la psychologie de ses compatriotes, lui qui, en 1835, écrivait les lignes prophétiques que voici :
*"Le christianisme a adouci, jusqu'à un certain point, cette brutale ardeur batailleuse des Germains ; mais il n'a pu la détruire, et quand la croix, ce talisman qui l'enchaîne, viendra à se briser, alors débordera de nouveau la férocité des anciens combattants. Alors — et ce jour, hélas ! viendra — les vieilles divinités guerrières se lèveront de leurs tombeaux fabuleux, essuieront de leurs yeux la poussière séculaire. Thor se dressera avec son marteau gigantesque et démolira les cathédrales gothiques".*
(Henri Heine, — *De l'Allemagne*.)

de la patrie et du monde. Il consiste à diviniser la race et à affirmer l'éternelle mission de cette race dont la mentalité est foncièrement opposée à celle du christianisme.

La nouvelle religion découvre tous ses dogmes dans la nature, et principalement dans le sol allemand et dans les veines des Allemands. Bergmann ne trouve rien de plus naturel, lui qui écrit :

*"Nous éprouvons que nous sommes le Saint-Esprit même."*

Tout ce qui distingue le néo-paganisme de la religion du prolétariat mondial et de la Franc-Maçonnerie internationale, c'est que le premier n'invite dans ses rangs que les Aryens, parce que seuls ils sont de sève pure, éternelle, divine. En d'autres termes, il s'agit d'organiser l'élevage d'un Dieu-collectif sur un haut pied.

> *"On peut faire, en effet, écrit Bergmann, l'élevage non seulement des animaux, mais de l'homme-Dieu. Si nous voulons être des messies et nous pouvons l'être, nous seuls, nous devons veiller à ce qu'il ne naisse plus d'enfants malades, d'êtres qui aient besoin d'une rédemption. La charité exercée avant la naissance, selon le principe de l'eugénisme moderne, est la seule voie qui puisse libérer l'humanité des illusoires religions de la Rédemption et de l'immortalité... Et Jésus de Nazareth, médecin et bienfaiteur des peuples, s'il revenait aujourd'hui, descendrait de la croix à laquelle le cloue encore une fausse compréhension ; il reviendrait comme médecin du peuple, comme doctrinaire de l'hygiène de la race qui sauve les hommes avant leur naissance et non point après leur mort... Nous ne voulons pas croire plus longtemps au Christ, nous voulons enfin être le Christ, agir en qualité de Christs, pour nous-mêmes, pour notre peuple, pour l'humanité."*

Un sociologue français a donc eu raison de dire que l'Allemagne est devenue une ferme d'élevage. Élever des dieux dans la plus grande Allemagne possible, voilà ce qui constitue le fond de la nouvelle mystique, ou plutôt de cette nouvelle conscience du corps mystique de l'antéchrist qui a pour nom **Le Nazisme**.

# CHAPITRE TROISIÈME

## Le Nazisme
### (Notions générales)

Le mot nazisme est une abréviation de national-socialisme qui est, comme le communisme, une philosophie complète de la vie. Elle prend ses racines dans le même matérialisme que l'autre, avec cette différence qu'au lieu de se nourrir dans le prolétariat, elle s'alimente dans le racisme ; mais elle mûrit dans le même absolutisme que récolte le même culte de la force.

Les prétentions du nazisme se résument ainsi : historiquement, rien de grand n'a été fait que par les Aryens ; philosophiquement, rien de grand ne peut être fait que par les Aryens ; socialement, seuls les Aryens ont droit d'imposer une civilisation au monde.

"Ego nominor leo : voilà le point de départ du nazisme ; **Crois ou meurs** : voilà la synthèse de sa politique intérieure ; **Tu troubles mon breuvage** : voilà sa base de politique extérieure ; **La fin justifie les moyens** : voilà sa morale ; **la violence** : voilà son culte ; **la révolution du nihilisme.**"

(mot de l'ex-hitlérien Rauschning) : voilà son aboutissement.

A en croire ses théoriciens, cette doctrine aurait jailli spontanément de l'âme nationale comme une brusque réaction contre le marxisme envahisseur. Elle se donne, en effet, comme l'ennemie naturelle du communisme à qui elle dispute le droit de bâtir la société. En politique, elle est donc son ennemie, mais elle le rencontre et lui offre la main sur le point qui les apparente, détruire [14] !

Pour cette besogne, nazisme et communisme en viennent à la poignée de main. Ils se sont embrassés et ont uni leurs forces de destruction contre les cartes géographiques, contre les commandements de Dieu, contre la liberté de l'Église, contre la conscience de la jeunesse.

*"En dépit de la profonde différence de leurs bases sociales* dit Trotzky, *le stalinisme et l'hitlérisme sont des phénomènes symétriques. Par bien des traits ils se ressemblent de façon accablante."*

---

14. — Nous ne disons pas que le nazisme est aussi essentiellement destructeur que le bolchevisme : au contraire, nous croyons qu'il est mû par un violent désir d'agrandir la patrie allemande et de lui assurer une incomparable solidité d'assise. Nous soutenons cependant qu'il est destructeur en ce sens qu'il n'éprouve aucun scrupule à écraser et même anéantir tout ce qui barre la route à ses aspirations nationales et à ses revendications territoriales, sans aucun souci de la justice ni d'aucune sorte de morale.

Qu'on se rappelle la boucherie sans nom qui a suivi de près l'accession au pouvoir de son prophète Hitler, la persécution contre les Juifs (il ne faut pas oublier que l'antisémitisme est immoral et formellement condamné), tous tenus également responsables des fautes des individus ; qu'on regarde, à l'heure actuelle, l'effort intensif de déchristianisation partout où le nazisme domine ; enfin, qu'on lise le livre noir publié par le gouvernement polonais et dans lequel l'Allemagne est accusée de vouloir *"assassiner"* la patrie polonaise, afin de briser absolument toute résistance pouvant venir de ce côté.

Une brochure extraite du livre en question et intitulée *"L'effort allemand pour détruire la Pologne"* affirme que la population a diminué d'environ quatre millions dans la zone d'occupation du 15 janvier à la fin de mars 1940.

*"Si l'on, tient compte des prisonniers et des ouvriers déportés en Allemagne, qui atteignent le chiffre de 1.604.321, il reste environ 2.500.000 personnes, que l'on peut considérer comme ayant péri par suite des opérations militaires, des exécutions, de la faim, du froid, etc.."*

Les conditions de vie imposées aux Polonais sont telles que la mortalité infantile aurait atteint le taux de 50 pour cent en décembre 1939.

Et nous ne pourrions pas affirmer que le nazisme est destructeur ?...

Quand le nazisme paraît être un sursaut protecteur contre le bolchevisme, il n'est au fond qu'une autre forme de communisme, un autre plongeon dans le collectivisme antichrétien [15].

D'après le nazisme, la réalité sociale centrale n'est pas l'homme, mais la nation : l'individu n'est qu'une unité anonyme dans la communauté nationale.

Cette communauté doit être l'image de la sagesse, de la beauté, de la bonté, de la force, de la vaillance et de toutes les perfections.

Le dieu Wotan, divinité antique, symbolisé par la croix gammée, est l'image éternelle des forces éternelles et intrinsèques de l'homme nordique, aussi pur aujourd'hui qu'il y a 5.000 ans.

Il va sans dire que toutes les religions, catholique, protestante, judaïque ou autres, devront disparaître devant celle de la seule race qui mérite l'adjectif humain, car "*la loi de Dieu, c'est la race, le sang*", proclame le conseiller d'État Willy Berger.

En Allemagne, le gardien des cerveaux, c'est le nazisme. Le juge des consciences, c'est le parti. La bibliothèque, l'école, l'usine, le journal et la rue sont imbibés de nazisme. La religion, le droit, l'histoire, l'économique, l'agriculture, le sport, les arts et même la matière première sont nazifiés. Que dis-je ? Mais la paix elle-même doit être nazie : car la paix attendue par Hitler est :

> "*une paix, non pas assurée par les rameaux d'olivier qu'agitent, la larme facile, des pleureuses pacifistes, mais*

---

15. — Pour M. Auguste Viatte, professeur à l'Université Laval, "*Entre les deux interlocuteurs, il n'existe aucune incompatibilité doctrinale : on ne comprendra rien au nazisme si l'on n'y voit un super-bolchevisme, une quintessence de révolution, cette "révolution allemande" que Heine prophétisait dès 1835 telle qu'elle s'est montrée, en la déduisant de la philosophie germanique ; Hitler serait inconcevable sans Karl Marx et sans Lénine dont il pousse les théories à leur ultime aboutissement pratique. Ce qui le sépare de Staline, ce sont les intérêts*". (*L'Action Catholique*, 16 nov. 1940.)

*garantie par l'épée victorieuse d'un peuple de maîtres qui met le monde entier au service d'une civilisation supérieure. "*
(*Mein Kampf*, p. 395.)

Puisque le nazisme tient à donner sa solution à tous les problèmes que pose la vie, nous avons raison de dire qu'il est plus qu'un parti politique, plus qu'une doctrine sociale, mais qu'il est une philosophie et même davantage. Nous saurons exactement ce qu'il est en étudiant les notions hitlériennes qui le parachèvent.

# CHAPITRE QUATRIÈME

―❦―

## L'HITLÉRISME

Hitler est le prophète du nazisme. Bien qu'autrichien par la naissance, c'est lui qui s'est chargé de la destinée éternelle des Allemands de naissance.

D'un geste, il a ressuscité et fait exploser tous les vieux sentiments germaniques. Il a imprimé dans les âmes, grâce à un dynamisme extraordinaire, un frisson patriotique tel, qu'il a gagné les faveurs populaires en un tour de main. Sonnant le réveil de la race, Hitler a promis aux foules hypnotisées le ciel dont il s'est cru l'envoyé tout-puissant.

Les appels aux sentiments sont les seuls qu'il connaisse et qu'il inspire. N'enseigne-t-il pas dans *Mein Kampf* que :

*"le ressort des changements les plus considérables s'est toujours moins trouvé dans un savoir imposé à la masse que dans un fanatisme qui l'anime, et parfois dans une hystérie qui le chasse en avant ?"*

Son national-socialisme, c'est sans doute une doctrine, mais c'est surtout une révolution qui doit être *"l'accomplissement de nombreux pressentiments prophétiques."*

A la vue de ce héros qui lui apporte toute cuite sa divinité tant désirée, le peuple vibre d'émotion et s'écrie avec Herman Schwartz :

*"Si nous sommes saisis par le fleuve divin de notre race, si nous devenons un organe et un vase de cette totalité, ah ! nous sentons que nous recevons la faveur d'un contenu inépuisable... Il fallait cette expérience divine d'une âme élue... Hitler est devenu ainsi pour son peuple le porteur de l'essence secrète et impersonnelle de notre race... Nous avons tous l'impression qu'à notre époque une force divine de haute tension nous anime. La parole du Führer est douée d'un pouvoir mystique. Grâce à elle, la divinité de notre race est entrée en nous. C'est bien là la vie divine, une vie divine supra-personnelle, qui couronne et surmonte toute autre forme de vie divine."*

Cet enthousiasme morbide n'est pas confiné dans les frontières de l'Allemagne, mais il a gagné tous les peuples d'origine germanique. Nous l'avons constaté dans l'expansion rapide de ses théories chez les peuples qui ont tant facilité la récente extension territoriale de *"la plus grande Allemagne."*

L'hitlérisme repose sur les mythes matérialistes du sol, du sang, de la race et de la nation. Elle renonce délibérément et explicitement à toute ordonnance spirituelle et surnaturelle.

**Sol.** — Le Reich est consubstantiel à tout ce qui est allemand et seulement à ce qui est allemand, particulièrement à son territoire, puisque c'est de lui qu'il est créature et créateur.

*"On nous reproche,* dit un chef nazi, *de retourner à la forêt vierge. C'est exact. La forêt vierge est le symbole de notre peuple qui vient de la nature, de la forêt. Il a retrouvé ses origines ; il est revenu à son sol natal. Ce peuple primitif ne veut écouter que les forces de sa nature."*

**Sang.** — Ce qui distingue l'hitlérisme du communisme, c'est que le premier cultive l'homme parce qu'unité sociale, tandis que l'autre sacrifie l'homme à la totalité sociale. Dans le premier cas, c'est la vigueur organique qui est reconnue comme moyen de salut national, tandis que dans le second c'est la force organisée qui doit assurer le paradis international

Mais pour être moins brutal que le communisme, le nazisme ne s'avère pas moins insensé quand il oppose la richesse du sang aryen à la puissance mécanique de la Russie :

*"L'Allemand est un surhomme ; le sang aryen coule dans ses veines et seul le sang aryen est pur. Le chevalier antique, bardé de fer et animé par le* **furor teutonicus***, voilà l'idéal pour barrer la route au communisme, pour conquérir le monde."*

Il nous semble pourtant que la voix du bon sens doive porter plus haut, plus longtemps et plus loin que la voix d'un détraqué, si puissant qu'il soit : le pouvoir d'un haut-parleur n'a rien à voir dans la valeur des idées qu'il irradie... Or Hitler ne va-t-il pas jusqu'à affirmer que :

*"c'est seulement dans le sang que réside tant la force que la faiblesse de l'homme."*

(*Mein Kampf*, p. 372)

et que le droit est subordonné aux exigences de sa pureté En bon éleveur, afin d'éliminer toute production indésirable, n'a-t-il pas promulgué, le 14 juillet 1937, l'inique loi de la stérilisation des tarés sociaux, loi qu'il assure être :

*"l'acte le plus humain de l'humanité."*

(*Mein Kampf*, p. 279.)

Le triage fait, il favorise par tous les moyens la fécondité des éléments sains. Aussi, le chef de la police allemande (Himmler) demande-t-il au peuple de donner des enfants à la patrie *"dans le mariage ou hors du mariage"* : pour les hitlériens, toutes les naissances sont légitimes, pourvu qu'elles soient approuvées dans les laboratoires de biologie.

Pourtant, le droit est un être trop abstrait pour qu'il prenne sa source dans la qualité ou la quantité des globules rouges ou des globules blancs !...

Qui oserait contester l'à propos des épithètes dont Pie XI affublait l'hitlérisme, lorsqu'écrivant aux Recteurs des Universités, il disait que ses mythes étaient des *"doctrines pernicieuses et absurdes, faussement fardées du nom de science"* ?

Le 17 novembre 1938, unissant sa voix à celle du primat de Belgique, le cardinal Verdier écrivait :

*"Quel défi à la saine observation des faits, à la véritable science, et aux traditions spiritualistes de l'univers, cette prétention de faire du sang l'unique source des aptitudes et des perfections physiques, intellectuelles et morales de l'homme On est humilié quand on lit des affirmations aussi étranges : "Le droit est l'expression des exigences du sang... et ce droit n'est valable que dans la mesure où il se met au service de la race." Donner une telle origine à ce qu'il y a de plus sacré dans l'humanité, au Droit, n'est pas seulement, je viens de le dire, un défi à la science et à l'histoire, c'est de plus professer "le matérialisme le plus abject" et ouvrir la porte aux pratiques les plus honteuses. A quelles affreuses conséquences nous conduit en effet une telle doctrine ! Les faits les plus actuels s'ajoutent à la logique même élémentaire pour dénoncer ces conséquences et révéler un des plus graves dangers qui aient menacé notre pauvre humanité !"*

Car, il ne faudra pas l'oublier, l'hitlérisme s'est chargé de la mission :

*"non seulement de rassembler en soi, mais de développer tous les éléments ethniques les plus nobles de la nation et de toute l'humanité, pour les conduire à la domination."*

(*Mein Kampf*, p. 439.)

En d'autres termes, la mission du nazisme est de purifier les Germains, et celle des nazifiés est de germaniser les impurs (les non allemands.)

**Nation.** — L'Allemagne ne trouve sa fin qu'en soi, et l'État allemand ne tient son autorité que de l'Infini dont il émane, la nation. L'État se confond donc avec la nation, et son principe d'autorité n'est rien autre que sa force. Hitler en est le maître absolu et ses ordres n'ont pas à être discutés : puisque Hitler incarne la nation et que cette nation éternelle ne peut pas se tromper, l'hitlérisme est, de droit, l'expression de la conscience nationale, indépendamment du vouloir des nationaux.

> *"Le Parti exige* — ici c'est Hitler lui-même qui confirme — *que sa conception sur tous les points qui concernent la direction politique du peuple soit acceptée comme la seule valable."*
> (Hitler, — *Discours de Nuremberg*, 1935.)

Voilà le principe qui conditionne l'indivisibilité de la nation. Pour être toute-puissante, pour pouvoir commander non seulement l'admiration, mais la soumission et, autant que possible, l'adoration de tous les peuples, une parfaite unité lui est indispensable.

> *Malheureusement pour l'hitlérisme, son enthousiasme et son désir ne changeront en rien les desseins éternels du vrai Dieu. Et au fou furieux qui enseigne que* "le destin est au-dessus de Dieu", *ainsi qu'à ceux qui l'applaudissent, le pape fait savoir qu'ils* "reconnaîtront bientôt qu'ils s'étaient réjouis trop vite et qu'ils avaient pris trop tôt la bêche du fossoyeur."
> (Encyclique *Mit Brennender Sorge*.)

Il faudra que ceux-ci apprennent un jour, au prix de l'amertume et de l'écrasement, que le pape est plus près de Dieu que le Führer et qu'il a eu raison d'écrire encore :

> *"Qui chante l'hymne de la fidélité à la patrie terrestre ne doit pas, par l'infidélité à son Dieu, à son Église, devenir un déserteur et un traître à sa patrie céleste."*

## A. — Le nazisme est antireligieux

> *"Ne croit pas en Dieu celui qui se contente de faire usage du mot Dieu dans ses discours, mais celui-là seulement qui à ce mot sacré unit le vrai et digne concept de la Divinité."*
>
> (Pie XI, — Mit Brennender Sorge.)

Il est curieux de constater que plus on scrute les reins du national-socialisme, plus on lui trouve de ressemblance avec son ennemi-né, le communisme L'*Observatore Romano* nous fait justement remarquer que :

> *"Les extrêmes se touchent dans la démolition de cette foi, de cette morale, de cette pensée et de ces mœurs chrétiennes qui s'opposent à leurs buts communs, lesquels consistent à dénier toute gloire à Dieu pour la donner à l'homme."*

C'est ainsi qu'un héros national, Erich Ludendorff, s'écrie :

> *"Non seulement je suis un adversaire du christianisme, mais encore je suis un païen et fier de l'être : Nous ne pourrons jamais parfaire l'unité de la race allemande, si des doctrines étrangères continuent à nous dominer. Il est essentiel que le peuple tourne le dos à cette doctrine qui nous est venue de l'étranger et qui s'appelle christianisme."*

Le grand chef de la Gestapo, M. Himmler, ne paraît pas moins vaniteux de son rôle antireligieux :

> *"Nous ne poursuivons pas que les communistes, dit-il, mais toutes les réactions, surtout celles à face religieuse et nous avons pour cela des moyens que le public n'a pas à connaître."*

Himmler semble oublier que cette besogne haineuse est bien vue des Sans-Dieu russes et que Muchavshik, parlant officiellement en leur nom, n'a pas caché sa satisfaction dans un discours prononcé à Kiev, au début de 1940.

D'ailleurs, les nazis ne se cachent pas à eux-mêmes leur monstrueuse affinité avec l'athéisme soviétique. Walter Troppau va jusqu'à dire que :

> *"Les néo-païens allemands sont des Sans-Dieu à l'égal des Soviets, parce qu'ils s'accordent à considérer le christianisme comme un ennemi mortel, aussi longtemps que son influence ne sera pas écrasée."*

Que la lutte antireligieuse se fasse sous le signe de la faucille ou de la gamma, derrière le drapeau rouge ou derrière la svastika, pour Satan c'est un même combat menant à un même résultat.

Avec le journal du Vatican, nous dirons même que le panthéisme du monde national-socialiste est plus dangereux et plus pervers que l'athéisme contre lequel il a déjà prétendu protester : c'est qu'il peut plus facilement induire en erreur et s'avérer plus humain que l'athéisme ouvertement proclamé et avoué.

De fait, le nazisme a conquis une plus grande masse d'hommes que le communisme. Les deux doctrines ayant pris naissance et s'étant développées chez deux peuples foncièrement mystiques, on comprend que celle des deux qui s'est donnée comme, protectrice de la foi allemande ait eu plus de succès que celle qui a ouvertement déclaré la guerre à la foi.

Rien n'empêche cependant que :

> *"seuls des esprits superficiels puissent tomber dans l'erreur qui consiste à parler d'un Dieu national, d'une religion nationale,* a écrit le pape Pie XI *; seuls ils peuvent entreprendre la vaine tentative d'emprisonner Dieu, le Créateur de l'univers, le Roi et le Législateur de tous les peuples, devant la grandeur duquel les Nations sont "comme une goutte d'eau suspendue à un seau" (Is., XL, 14) dans les frontières d'un seul peuple, dans l'étroitesse de la communauté d'une seule race."*
>
> (Mit Brennender Sorge.)

Les nazis auront beau crier avec le docteur Ley :

> *"Nous croyons sur cette terre, uniquement en Adolf Hitler. Nous croyons que le national-socialisme est la seule foi de notre*

*peuple qui procure le salut. Nous croyons qu'il y a un Dieu dans le ciel, qui nous a créés, qui nous conduit… nous a envoyé Adolf Hitler pour que l'Allemagne ait pour toute l'éternité une assise solide de son existence… ",*

le Dieu qu'ils paraissent confesser et qui nous a parlé par son Fils (*Hebr.*, I, 1) leur dira :

*"Qui renie le Fils n'a pas non plus le Père, et qui confesse le Fils a aussi le Père."*

(I *Jean*, II, 23.)

Le pape ajoutera :

*"Aucune foi en Dieu ne peut se maintenir longtemps pure et sans alliage si elle n'est soutenue par la foi au Christ."*

Car

*"Quiconque prend la race, ou le peuple, ou l'État, ou la forme de l'État, ou les dépositaires du pouvoir, ou toute autre valeur fondamentale de la communauté humaine — toutes choses qui tiennent dans l'ordre terrestre une place nécessaire et honorable, — quiconque prend ces notions pour les retirer de cette échelle de valeurs, même religieuses, et les divinise par un culte idolâtrique, celui-là renverse et fausse l'ordre des choses créé et ordonné par Dieu : celui-là est loin de la vraie foi en Dieu et d'une conception de la vie répondant à cette foi."*

(*Mit Brennender Sorge.*)

Le chef de l'Allemagne donnait lui-même raison au pape lorsqu'en décembre 1938, il faisait au D<sup>r</sup>. Rauschning, ex-président nazi de Dantzig, la déclaration suivante :

*"Rien ne m'empêchera de mettre en pièces le christianisme et de le détruire en Allemagne. Je libère les hommes de ces restrictions de l'intelligence qu'a apportées la sale et dégradante mortification de soi-même imposée par une conscience et une moralité chimérique."*

(Cité par *La Croix de Paris*, 25 déc. 1939.)

Elles ne sont donc pas surprenantes les directives officielles pour la formation idéologique de la jeunesse autrichienne, directives qui figurent dans un document que *La Croix* a révélé en août 1938. Le texte complet de ces propositions dépasse tout ce qui fut publié jusqu'à présent. Les 50 premiers articles attaquent rageusement le christianisme. En voici quelques-uns :

*"Le Christianisme est une religion pour les imbéciles et les esclaves, parce qu'il déclare que les premiers seront les derniers et que bienheureux sont les pauvres d'esprit.*

*"Le christianisme égale le communisme.*

*"Le christianisme met sur le même pied les nègres et les Allemands.*

*"L'Église travaille toujours par la violence et la terreur. Où est chez elle l'amour du prochain et l'amour de l'ennemi ?*

*"Avant le christianisme, la culture germanique se trouvait sur le plan supérieur ; c'est le christianisme qui lui a fait perdre son prestige.*

*"Il n'existe pas de culture chrétienne.*

*"Le christianisme a corrompu les Germains : il leur a donné les notions d'adultère et de vol qu'ils ignoraient jusqu'alors.*

*"L'Église catholique doit disparaître parce que le mal passe et que le bien demeure.*

*"Comment mourut le Christ ? En se lamentant sur la croix. Comment mourut Planetta (il s'agit de l'assassin de Dolfuss) ? En criant : "Heil Hitler et vive l'Allemagne."*

*"La pensée du Messie universel ne peut exister que chez un peuple pervers. Un peuple bon n'a pas besoin de sauveur.*

*"Quand un homme vit dans l'ordure ou dans la crasse et même avec un cochon, il est canonisé.*

*"La Papauté est une duperie ; les Papes sont toujours les pires des hommes.*

*"Le nouveau centre est Nuremberg. Rome est condamnée à disparaître.*

Les persécutions sans nombre qu'ont eu à souffrir toutes les religions depuis l'avènement du nazisme, que ce soit en Allemagne, en Autriche, en Pologne, chez les Sudètes ou les autres peuples conquis, justifient bien des fois toutes les condamnations épiscopales que nous en avons lues, aussi bien que les appréhensions de l'avenir chez tous ceux qui pensent juste.

Au début de juillet 1939, dans une lettre adressée à son clergé, l'archevêque de Salzbourg, Mgr Waitz, qui s'était joint d'abord au cardinal Innitzer pour essayer d'établir des relations normales entre les catholiques autrichiens et les autorités publiques National est invariable dons ce cas national-socialiste, en était venu à traduire sa désillusion en ces termes :

*"On nous a trompés honteusement. L'Allemagne a feint de s'adresser à nous comme une mère à ses enfants. Aujourd'hui, nous sommes édifiés. La haine national-socialiste, qui égale la haine bolchévique, s'est déchaînée dans ce pays contre l'Église. L'Autriche est devenue le champ d'expérience où l'on recherche jusqu'à quel degré il sera possible d'anéantir complètement le christianisme dans un pays."*

La lettre pastorale collective des Évêques d'Allemagne va jusqu'à dire que la propagande néo-païenne a pour *intention finale* la destruction du christianisme dans leur pays.

Ces affirmations n'ont pu scandaliser que les esprits superficiels, ceux qui, sans examen, refusent de croire que le nazisme est un instrument dont se sert le diable pour prolonger le bolchevisme chez les peuples qui ont horreur de ce vocable.

## B. — Le nazisme est une religion

*"Le national-socialisme est un mouvement religieux en soi-même"*, disait le ministre Kerrl à Fulda, le 24 novembre 1937. Le 10 décembre de la même année, Alfred Rosenberg, le grand maître de toutes les questions éducatives, culturelles et religieuses en Allemagne hitlérienne, citait ces paroles dans son document secret *"Weltanschauung und Religion"* et affirmait que le discours de Kerrl reflétait *"l'attitude officielle du parti."* Il y ajoutait, entre autres nombreuses choses que *"le peuple dans sa totalité appartient au Führer et à son mouvement."*

Le journal *Durchbruch* fait ainsi sa profession de foi au Führer :

*"Adolphe Hitler est plus à nos yeux que le chancelier du Reich. Il est en même temps que le Führer le* **rédempteur** *du peuple allemand. Quand tout paraît perdu, nous croyons encore en lui. Quand tous désespèrent, nous mettons en lui nos espoirs. Adolphe Hitler,* **ton nom est notre foi.** *Cette foi nous a permis de porter à travers tout le pays l'étendard qui est devenu le symbole de l'immortalité allemande. Prends notre vie, Führer, prends-nous tout entiers, prends notre corps,* **prends notre âme.** *Entre tes mains, nous remettons notre destin."*

(cité par Joseph Léolit dans *La Croix païenne*, page 115-16.)

Dans une extase nazie, Bergmann ne peut plus retenir ses transports et s'écrie :

*"Avec le Troisième Reich commence une nouvelle époque divine de l'homme sur terre. Cette grande pensée n'est-elle pas digne d'un acte de foi ?"*

Hermann Schwartz explique avec non moins de mysticisme le phénomène qu'on me permettra d'appeler la **transsubstantiation du sang nordique en divinité** :

*"Si nous sommes saisis par le fleuve divin de notre race, si nous devenons un organe et un vase de cette totalité, ah ! nous sentons que nous recevons la faveur d'un contenu inépuisable...*

*Nous avons tous l'impression qu'à notre époque une force divine nous anime... La divinité de notre race est entrée en nous. "*...

D'aberration en aberration, la nouvelle religion fait passer le chef des organisations du Reich, le docteur Ley, par des transes lyriques ; et le 1er mai 1939, il criait dans un discours :

*"Nous sentons de nouveau la puissance de l'appel du 1er mai : Réjouissez-vous de la vie ! Entendez-vous ignorants du monde entier ?...*

*"Notre nouvelle vie est lutte, sacrifice et succès, foi et obéissance, générosité et travail. Ainsi nous accomplissons la volonté de Dieu. Nous seuls croyons en Dieu, parce que Dieu nous révèle le sens de la nature magnifique et de ses lois éternelles de la vie."*

Il faut qu'elle rencontre des esprits troublés par le matérialisme, la doctrine qui insuffle sa piété avec une pompe semblable !...

Les ultra-nerveux qui manquent à ce point d'équilibre qu'ils osent dire avec Bergmoun :

*"Nous voulons enfin être le christ, agir en qualité de christs, pour nous-même, pour notre peuple, pour l'humanité"*,

méritent au maximum cette apostrophe du grand Pape que fut Pie XI :

*"Celui qui, dans une sacrilège méconnaissance des différences essentielles entre Dieu et la créature, entre l'Homme-Dieu et les enfants des hommes, ose dresser un mortel, fût-il le plus grand de tous les temps, aux côtés du Christ, bien plus, au-dessus de Lui ou contre Lui, celui-là mérite de s'entendre dire qu'il est un prophète de néant, auquel s'applique le mot effrayant de l'Écriture : "Celui qui habite dans les cieux se moque d'eux."*

(Ps., II, 4.)

## C. — La pratique néo-païenne

Puisque le nazisme est une religion, il suivra l'Allemand depuis sa naissance jusqu'à sa mort, avec les ordonnances de théologie et de sa liturgie. Bien plus, il verra, avant la naissance de l'enfant, à ce que ses parents soient du type originel, parce que la pureté du sang générateur est *"la mesure de la vitalité"* du nouveau nazi :

c'est Hitler qui a écrit que *"Les fautes contre le sang ont été, en effet, le péché originel du monde."*

(*Meim Kampf*, p. 372.)

*"Pour un peuple de race intacte,* ajoute Rosenberg, *la doctrine du péché originel eût été inintelligible, car un peuple pur et animé de confiance en soi, en sa propre volonté ressentie comme un destin, considère le sentiment du péché comme un phénomène secondaire qui accompagne l'abâtardissement physique."*

Il s'en suit que le **baptême** n'aura pas la signification qu'on lui donne chez les chrétiens.

*"Aujourd'hui,* écrit encore Rosenberg, *s'éveille une nouvelle foi, le mythe du sang ; la foi que le sang nordique est figuré dans ce mystère qui a pris la place et a triomphé des anciens sacrements."*

(*Mythe du XXe siècle*, p. 129.)

La cérémonie qu'on fera sur le nouveau-né sera alors réduite à la formalité suivante : le père se tiendra devant l'autel et lèvera les bras en s'écriant :

*"Je jure devant Dieu que moi, père de l'enfant de mon épouse, suis de souche aryenne. Je jure de le faire élever dans l'esprit allemand pour le peuple allemand."*

C'est seulement après cette prestation de serment que les nouveaux citoyens du Reich pourront recevoir le diplôme de souche allemande.

Le **signe** du **nouvel élu** de la race sera le salut nazi. Quand il ira à l'école, au commencement de chaque leçon, le professeur lèvera le bras droit en disant : " *Heil Hitler !* " et l'élève répétera ce rite avec tous ses camarades. La même cérémonie suivra chaque leçon. Que ça lui plaise ou non, il faut passer par cette discipline de l'enthousiasme.

Il est entendu que l'enfant en Allemagne n'est pas libre d'apprendre la Révélation des Écritures — dont la publication est d'ailleurs interdite — mais seulement celle de *Mein Kampf* qui " *contient l'éthique la plus pure du peuple allemand, celle dont il devra s'inspirer toute sa vie.* "

En fait de catéchisme, on donne au petit Allemand le **manuel de doctrine raciale** :

> "*Le couronnement de tout le travail de formation et d'éducation de l'État national,* a écrit Hitler, *ne peut être que l'impression au fer rouge, dans les cœurs et dans les cerveaux de la jeunesse qui lui est confiée, de l'esprit de race et du sentiment de race s'adressant à la fois à l'instinct et à l'intelligence.* "
>
> (*Mein Kampf.*)

Que ça lui aille ou non, l'enfant nazi se verra enlever la fête de Noël à laquelle on substituera le **solstice d'hiver**.

Le **Vendredi Saint** sera le jour choisi pour la **fête de la jeunesse**, et cette fête sera **d'obligation** nazie...

Surtout, pas de génuflexion ! Ce manque de dignité est interdit aux dieux...

Oubliant orgueilleusement que :

> "*Ce qui serait folie de Dieu est plus sage que la sagesse des hommes, et (que) ce qui serait faiblesse de Dieu est plus fort que la force des hommes* "
>
> (I *Cor.*, 1, 25)

Les pseudo-**prêtres** de l'hitlérisme éloignent de leurs autels le scandaleux crucifix auquel ils substituent la **croix gammée**, symbole de la **rédemption** allemande.

Le nazisme a aussi son **acte de foi** ou son **credo**. Nous le trouvons dans un des 30 articles du manifeste de l'**Église nationale** du Reich, document daté à Stettin " *en l'an 5 de* l'ère national-socialiste " ; le voici :

" *Nous croyons au Reich national-socialiste allemand et éternel. Nous croyons à la conception du monde national-socialiste qui est née dans le cœur d'Adolf Hitler pendant la grande lutte de l'humanité allemande contre tous les peuples de la terre. Nous croyons que le Dieu tout-puissant a rendu la vue, sur sa prière, à ce soldat de la grande guerre qui était devenu aveugle. Nous voyons en lui seul le* **sauveur** *et le chef de la nation allemande. Nous croyons en son œuvre sacrée* Mein Kampf. *Nous jurons d'exécuter tous les* **commandements** *qu'elle contient. Nous jurons d'être fidèles dans l'éternité à Adolf Hitler.* "

L'heure du mariage venu, les conjoints nazis n'ont à faire qu'une prestation de serment, après laquelle ils touchent du doigt le glaive sacré.

Quant à la **morale** du christianisme refondu ou du christianisme germanisé dont parle Rosenberg, elle prend sa forme dans le moule où on a coulé le **dogme** que nous venons d'étudier. Le fondement en est celui-ci : est moral ce qui est avantageux pour l'Allemagne. En d'autres termes, la nation n'aura plus qu'à se consulter elle-même pour savoir si les actes à poser sont moraux ou immoraux. S'agit-il du respect des traités, du problème de la natalité, de la loi de stérilisation, de la chasse aux Juifs, de l'invasion d'un pays, de la confiscation des biens d'Églises, ou de toutes autres choses, une seule question est à étudier : est-ce conforme aux vues et aux ambitions de la **divine Allemagne** ? Si oui, c'est moral ; si non, c'est immoral. [16]

---

16. — C'est au nom de cette norme que tant de dignitaires ecclésiastiques ont été condamnés à l'amende ou à la prison : on les a accusés d' "*avoir troublé la paix reli-*

Voilà l'enseignement que subissent 100 millions d'êtres humains.

Est-ce qu'au moins les maîtres de cet enseignement sont de bonne foi ? Certainement non. Ils travaillent contre leur conscience, contre leur raison, contre Dieu et son décalogue, avec Lucifer et pour l'enfer. Car il n'est pas possible qu'un chef d'État soit sincère quand il prétend que l'**égoïsme**, même national, doive conditionner la vie intérieure de l'individu et des sociétés. Bien qu'il fût païen, Cicéron eût été scandalisé de la morale hitlérienne, lui qui écrivait justement dans *De officiis*

> *"il est impossible qu'une chose soit utile si elle n'est pas en même temps moralement bonne. Et ce n'est point parce qu'elle est utile qu'elle est moralement bonne, mais parce qu'elle est moralement bonne elle est utile."*

Et si Cicéron avait pu être catholique, il aurait ajouté qu'une chose est bonne et utile seulement quand elle est conforme au plan providentiel de Dieu. Car :

> *"Dieu doit être reconnu comme la fin suprême de toute activité créée, et les créatures comme les instruments pour atteindre cette fin."*
>
> (*Lettre pastorale d'un groupe d'évêques américains sur l'ordre social*, datée du 7 février 1940.)

Il est donc normal qu'une doctrine si destructrice de l'ordre éternel ait éprouvé la résistance des églises protestantes et surtout de l'Église catholique. Le nazisme est trop diamétralement opposé au Christ et à son Évangile pour que son fondateur soit considéré par tous comme l'artisan d'un avenir heureux pour son pays.

---

*gieuse"* et on les a condamnés pour cette sorte d'offense, ayant prouvé à leur procès qu'ils avaient enseigné une morale internationale.

> *"Bien au contraire, disait Pie XI dans son message radiophonique de Noël 1937, celui-là détruit le moyen de défense le plus efficace et le plus décisif contre les dangers qu'il redoute et travaille, même s'il ne s'en rend pas compte, contre les intérêts mêmes de ceux dont se croit et se proclame le défenseur."*

Que la lugubre mascarade de ruse et d'hypocrisie des nazis ne fasse donc pas de dupes parmi nous. Car les pseudo-réinstaurateurs des mœurs et de l'intégrité s'arrogent des droits qu'ils n'ont pas. Ils sont simplement antipathiques, odieux, répugnants, comme les démons.

## Les faits

Au cas où ce livre tomberait sous les yeux de personnes qui n'ont pas suivi quotidiennement les événements provoqués par la pernicieuse doctrine du nazisme, nous voulons bien les résumer.

S'ils doivent scandaliser les coreligionnaires d'Hitler, tant mieux ! Ils auront moins de toupet pour nous soutenir que la religion n'est pas persécutée en Allemagne.

En moins de six mois, 687 couvents et monastères ont été verrouillés ; dans le seul État de Bavière, 5.223 écoles catholiques ont dû fermer leurs portes afin de permettre aux 780.000 enfants qui les fréquentaient de recevoir la formation raciste du juif Rosenberg. L'école confessionnelle est devenue *l'école communautaire* par la volonté d'étrangers en rupture de patrie. Car, par un curieux hasard, les proclamateurs de la noblesse raciale germanique ne sont pas allemands : Lapouge et Gobineau, deux Français ; H.-S. Chamberlain, un anglais ; Rosenberg et Woltman, deux Juifs renégats ; Hitler, un Autrichien. Quel intérêt ont donc ces messieurs à prouver, biologie en main, que la race germanique est la plus pure, la plus belle, la seule qui mérite de vivre ? C'est tout simplement qu'avant d'être des racistes, ce sont des suppôts de la laïcisation, des élèves de la Franc-Maçonnerie, des destructeurs.

Le cardinal Schulte, archevêque de Cologne, dénonce leur entreprise comme *"la ruine des fondements séculaires de l'éducation en Allemagne."*

Elle est d'autant plus odieuse qu'elle s'est organisée en violation flagrante du concordat signé en 1933 par le cardinal Pacelli et von Papen, en Rhénanie. Or à Pâques 1937, les écoles de Rhénanie, fréquentées par 998' catholiques pour 1000 enfants, furent fermées et remplacées par des écoles neutres.

En Alsace Lorraine, bien qu'il y ait 1.500.000 catholiques dans une population de 2.000.000, les écoles catholiques ont déjà été dispersées, et les membres des ordres religieux qui y enseignaient ont été renvoyés.

"*A Lublin, c'est l'Observatore Romano qui le dit, l'université catholique et, d'une façon générale, toutes les institutions d'enseignement secondaire ou supérieur de même que les séminaires se sont vus obligés de fermer leurs portes. Les autorités allemandes ont suspendu sine die ou tout simplement interdit plusieurs publications catholiques, à tel point qu'il ne reste plus que des bulletins diocésains soumis à une censure très sévère.*"

Dire qu'il se trouve chez nous des catholiques assez mal renseignés pour nier le caractère persécuteur du nazisme

A ceux-là, posons quelques questions :

Saccager un palais cardinalice (en Autriche) ; refuser à un évêque de retourner à son siège et interdire l'entrée de sa célèbre cathédrale aux fidèles (en Alsace) ; en envoyer un en exil et un autre au camp de concentration (en Pologne) ; ne pas permettre à un nonce papal de revenir à son poste (en France) ; ne pas autoriser les envoyés du Vatican à se rendre dans un pays pour y examiner la situation de l'Église (en Pologne) ; est-ce de la bonne entente ?

Les incursions de la Gestapo chez l'archevêque de Paris ; la détention — ne fût-elle que de quelques jours — du cardinal Suhard ; les longues perquisitions chez les cardinaux Baudrillard et Liénart, soupçonnés d'avoir favorisé des réfugiés allemands ; l'ordre donné à l'évêque de Metz d'avoir à quitter la France occupée en moins de quatre heures ; l'obligation faite à Mgr Tomszak, évêque de Lodz, de balayer les rues de ses mains ensanglantées ; est-ce de la politesse protocolaire ?

Avoir supprimé l'Action catholique en Pologne et s'être approprié les locaux qu'elle occupait à Varsovie ; avoir fracturé le crâne de l'abbé Nowicki, directeur de l'Action catholique de Lodz ; avoir enterré vivant l'abbé Ezarek, de Bydgoszcz ; avoir fusillé devant son église le vieux curé de Chodecz, l'abbé Roman Pawowski ; serait-ce autre chose que de la persécution [17] ?

Comment alors qualifier cet avertissement du journal nazi de Prague, le *"Prager Zeitungsdienst"* aux *élèves de Mgr Stramek* (il s'agit de ses prêtres) :

*"C'est une provocation qu'on ne tolérera plus, si les journaux catholiques continuent à publier en première page l'image de Jésus-Christ avec l'inscription : patron de la Bohême, aidez-nous !"*

On a décidé que ce n'était pas loyal de publier le portrait d'un autre Sauveur que M. Adolf Hitler... Aussi comprend-on la colère du rédacteur... et la prétendue légitimité de la chasse *au* gibier noir, pour nous servir d'une métaphore chère à Goebbels.

Cette chasse s'est organisée avec brutalité et impudence, aussi bien en Autriche, en Tchécoslovaquie, en Pologne et en Rhénanie qu'en Allemagne. En de nombreux endroits, les cloîtres, fondations ou lieux de culte ont été transformés en lazarets militaires ou en écoles spéciales pour les recrues du nazisme. Par exemple, tous les biens du cloître des Bénédictins d'Amont ont été confisqués au profit de la province de Styrie. Le cloître de Stams, dans le Tyrol, dont l'Abbé et deux Pères ont été retenus prisonniers pendant plus de cinq mois, a été évacué et sert maintenant d'asile aux Allemands venant des régions du Haut-Adige, à la suite de l'accord germano-italien. La chapelle de l'Institut Stella Matutina, à Feldkirch, a été divisée en deux et transformée en dortoirs pour militaires.

---

17. — Avant même que ces derniers événements se fussent produits, pour ne parler que de ceux-là — car la relation des faits en consignera des milliers d'autres, — le pape Pie XI avait déjà dit en 1937 (discours du 24 décembre) : *"C'est une* **persécution** *grave et même comme il y en a rarement eu d'aussi* **terrible** *et* **pénible**, *d'aussi triste dans ses conséquences les plus profondes."*

En octobre 1939, l'envoyé spécial du *Times* à Rotterdam citait cet exemple typique de la brutalité avec laquelle les nazis persécutent l'Église catholique :

*"Vendredi dernier, des membres de la Gestapo envahirent soudain à Gronau un monastère franciscain situé à faible distance de la frontière hollandaise et annoncèrent sa "dissolution". Les religieux reçurent l'ordre d'avoir à quitter immédiatement le monastère. Ils demandèrent s'ils pouvaient emporter avec eux quelque chose à manger. Ils n'y furent pas autorisés, mais les policiers s'approvisionnèrent largement au garde-manger du monastère. Un religieux âgé qui récitait son chapelet dans le jardin, fut tiré par la barbe et traité de* **schweinhund.**

*"Comme les policiers opposaient un refus formel à la demande du supérieur d'enlever le Saint-Sacrement de la chapelle, le Père répondit qu'il le ferait, même si son action devait lui coûter la vie. Impressionnés, les membres de la Gestapo accédèrent enfin à la volonté du supérieur, mais alors, ils l'accompagnèrent à la chapelle en fumant des cigarettes. Là, ils se refusèrent à lui rendre le ciboire requis, et en définitive, il fut obligé d'envelopper l'Hostie consacrée dans un morceau de papier qu'un des officiers avait retiré de sa poche et jeté à terre. Cependant, les policiers ne cessaient pas de proférer des insultes et des grossièretés."*

Comme la Russie Rouge, l'Allemagne est rouge à fondre.

Elle prétend lutter contre le catholicisme politique et contre l'Internationale romaine qu'elle accuse bêtement d'être alliée au communisme. Cette lutte n'a pas encore pris de forme sanglante, du moins comme tactique générale, mais elle est si grotesque qu'on se demanderait si elle est possible, si on ignorait qu'elle fût diabolique.

On nous dit souvent que les nouvelles de presse ne rendent pas justice à la réalité et qu'on ne doive pas y attacher une importance qui serait la mesure de notre naïveté. Peut-on en dire autant des articles trouvés sous la plume de journalistes nazis ? Qu'on base alors notre appréciation des faits sur celui que publie le journal Bewegung, organe central des étudiants nazis, sous le titre " *Détruisons les idoles.* " :

> *"La dernière idole internationale doit tomber et tombera elle aussi sous la poigne de fer de la politique national-socialiste. Les États de l'Europe nouvelle ne peuvent admettre l'existence, à leur intérieur, d'aucune institution destructrice. L'Église romaine, aujourd'hui, n'est pas une force constructive, mais au contraire une puissance de destruction. Le cléricalisme, il faut le dire aujourd'hui sans équivoque, voilà notre ennemi. Il est étranger à la communauté nationale, il se sépare de la patrie !... Au Vatican, on n'a pas encore compris l'époque nouvelle et son ardeur. La diplomatie vaticane croit pouvoir encore s'opposer à un développement qui a ses racines dams le sang et dans le sol. Aucun Dieu ne pourra aider le Pape et ses suppôts, dans tous les États et parmi tous les peuples, à se dégager de la crise dans laquelle les diplomates du Vatican se sont plongés. Nous luttons contre les ignorantins cléricaux et contre leur politique ! Pour le plus grand bien d'une vraie religion et d'une véritable croyance en Dieu ! Pour la construction de la nouvelle Europe, l'Europe nationaliste et socialiste ! Détruisez les idoles !"*

N'est-ce pas que les dirigeants du Reich, comme ceux du bolchevisme, sont des dirigés du même antéchrist, Satan ? Dans ce cas, il était inévitable que leur accolade se fît un jour ou l'autre : ils étaient trop intimement liés par la doctrine pour que leur inimitié politique pût durer. Ainsi, le 12 juillet 1934, Hitler disait au Reichtag :

> *"Staline, cet homme mille fois assassin qui devrait être abattu comme un chien "* ;

et le 21 décembre 1939, le même Hitler envoie au même Staline le message suivant :

> *"A l'occasion de votre 60e anniversaire, je vous prie d'accepter mes plus sincères félicitations. Je vous envoie mes*

*meilleurs souhaits pour votre bonheur personnel aussi bien que pour un avenir heureux pour les peuples de notre amie, l'Union Soviétique.* "

M. Hitler, Bismarck doit être content de vous : car c'est lui qui dans une lettre adressée à M. von Hodemberg, en 1886, écrivait :

"*Quand l'existence de la Prusse est en jeu, je prends pour alliée la Révolution même, je me fais soutenir n'importe comment. — Quand l'existence de la Prusse, quand ses plus sacrés intérêts sont en danger, je ne connais ni droit ni morale.* "

Il était tout naturel que le corps mystique de l'antéchrist rassemblât un jour ses membres épars pour les lancer, sous les ordres d'un seul chef, Satan, dans la lutte finale.

Laissons plutôt à un grand philosophe, M. Jacques Maritain, le soin de commenter la signature du pacte russo-allemand :

"*Le masque de défenseur de l'ordre et de la civilisation dont, avec une hypocrisie diabolique, la révolution hitlérienne s'était couverte, est tombé. L'iniquité et la violence se sont rencontrées, l'antichristianisme marxiste et l'antichristianisme hitlérien se sont embrasés. Chacun sait clairement qu'appuyée sur le mythe de la dictature d'une classe ou sur le mythe de l'empire d'une race, il n'y a qu'une révolution ; et que cette révolution est essentiellement dirigée contre les principes premiers de Dieu dans l'homme, contre tout ce qui implique le respect de la personne humaine, de la justice et de la vérité, contre tout ce qui importe à la grandeur et à la liberté d'une âme humaine.* "

# CONCLUSION

Puisqu'il est démontré que les haines collectives sont protégées et entraînées par de puissants drapeaux, que ceux-ci claquent dans le ciel leur annonce de tempête et de dévastation, que leur menace augmente de façon terrifiante, nous ne reprocherons à personne d'éprouver un sentiment de tristesse et de crainte.

Cette crainte ne serait cependant pas le commencement de la sagesse si elle nous affolait. En autant que la constatation du mal n'aurait pour effet que d'abattre ses ennemis, elle serait criminellement inféconde, puisqu'elle n'opposerait que la faiblesse à la force du mal.

Notre premier devoir devant les tourbillons de haine qui agitent une trop grande partie de l'humanité, c'est le calme Pas le calme qui couche, mais celui qui permet de rester debout pour faire-face.

Notre deuxième devoir est d'ordre spirituel :

*"Nous ne devons pas oublier, nous dit un évêque hongrois, Mgr Shvoy, qu'une conception du monde ne peut être vaincue que par une autre et que, dans ce combat spirituel, c'est l'esprit qui est l'arme décisive."*

Il nous faudra donc découvrir le bacille qui tuera la haine. Car ou nos armes seront au point ou nous serons vaincus. Nos armes î mais il n'y en a qu'une seule, celle de l'amour chrétien.

> *"Donnons, dans notre foi,* disait le cardinal Gerlier, *non seulement l'hommage de nos lèvres, mais l'hommage plus nécessaire de notre vie : soyons surtout de ceux qui vivent la charité chrétienne, de telle manière qu'ils fassent tomber peu à peu toutes les barrières, qu'ils comblent tous les fossés, qu'ils dissipent toutes les préventions, qu'ils soient capables d'attirer par leur rayonnement, tous ceux qui sont égarés."*

Ce n'est pas réaliste, dites-vous ? Le serait-ce plus d'opposer la haine à la haine ? Est-ce que le mal peut combattre le mal ? Que diriez-vous d'un cultivateur qui cultiverait du chiendent pour combattre le chiendent qui infeste sa terre ? Qu'il manque de réalisme, n'est-ce pas ? Il en serait ainsi de ceux qui croiraient pouvoir abattre le communisme, la franc-maçonnerie et le nazisme uniquement avec des moyens politiques, militaires, administratifs et même économiques. C'est à eux que s'adresseraient alors ces paroles de Mgr Gauthier :

> *"Certains pensent qu'avec l'arrivée des temps meilleurs, et un renouveau de prospérité, le communisme aura perdu son principal argument et ne sera plus un danger pour nous. J'ose dire en tout respect qu'ils ne connaissent pas le communisme. Nous sommes en présence d'une mystique, et le communisme ne cédera rien à la prospérité. Toujours il continuera son œuvre de destruction et ce serait le mal connaître que d'en juger autrement."*

Et M. Le Cour Grandmaison ajoutait récemment au sujet de l'hitlérisme — il aurait pu en dire autant du communisme et de la Franc-Maçonnerie qui se confondent avec lui — qu'il est plus fort de son contenu de haine que de sa puissance militaire :

> *"Ce qui fait la puissance de l'hitlérisme,* dit-il, *c'est qu'il est une mystique, presque une religion, une conception de l'homme et du nombre et pour des millions d'êtres humains, à l'heure actuelle, il est une raison de vivre, une raison de mourir, et peut-être une raison de tuer. Eh bien, la mystique, on ne l'abat pas à coups de canon ou de bombes d'avions. On ne*

*l'écrase pas sous les chenilles des chars d'assaut. On ne l'étouffe pas avec les gaz asphyxiants, si atroces soient-ils. On ne peut en dissiper l'envoûtement tragique qu'en lui opposant une autre doctrine, une autre mystique, une autre explication de l'homme et du monde, une autre raison de vivre, de se dévouer et, s'il le faut, de mourir. En face du paganisme renaissant, seul le christianisme se dresse."*

La vérité de ces paroles ne sera pas changée par ceux qui tiendraient à les discuter.

Qu'on le veuille ou non, c'est par le Supplice de la Croix que le Christ a réprimé les passions, c'est par son amour sans borne qu'il a vaincu la haine immense du paganisme, c'est par le moyen peu réaliste de sa mort qu'il a redonné la vie au monde. Sa façon à. Lui de **confondre la sagesse des sages**, pourquoi serait-elle soupçonnée d'inefficacité par ses disciples ?

Si donc c'est divin de n'être pas réaliste, gardons-nous bien de l'être, et aux folles entreprises de la camaraderie révolutionnaire opposons le sage effort réactionnaire de la divine fraternité.

Et, comme dit Mgr Sheen :

*"Si le Christ triomphe, nous triompherons, et si le Christ… Ah ! mais le Christ ne peut pas être vaincu !"*

❈ **FIN** ❈

# TABLE DES MATIÈRES

**Conscience ou défi ?** .................................................................. 5
**Introduction**
    Serge Monast ...................................................................... 7
**Prologue** .................................................................................. 9
    Le plan infernal .................................................................... 9
    Vision infernale .................................................................. 17

## PREMIÈRE PARTIE

**Le Communisme** ...................................................................... 21
    La vraie nature du communisme ...................................... 23
        Le communisme est une antireligion ........................ 25
        Le communisme est une religion ............................... 38
        Une contre-Église ............................................................ 44
            a.). — L'unité ................................................................ 45
            b). — La perversité ..................................................... 45
            c). — L'universalité ..................................................... 46
            d). — L'apostolicité .................................................... 46
        C'est une philosophie .................................................... 47
            a.). Ennemi de la vérité ............................................... 47
            b). Ennemi de la liberté ............................................... 48
            c). Ennemi de l'égalité ................................................. 49
            d). Ennemi de la morale .............................................. 50
            e. Ennemi de la paix .................................................... 53
            f). Ennemi de la famille ............................................... 57

g). Ami de la terreur .................................................................. 63
Les résultats ................................................................................ 69
   a). La tuerie .............................................................................. 71
   b). Le massacre des innocents ............................................. 72
   c). La chasse aux adultes ...................................................... 74
   d). Cherté de la vie ................................................................ 76
   e). Progrès soviétiques .......................................................... 79
   f). Atrocités rouges ................................................................ 83

## DEUXIÈME PARTIE

La Franc-Maçonnerie ............................................................ 95
   La compagnie de Satan ....................................................... 97
   La Franc-Maçonnerie est révolutionnaire ..................... 101
   La Franc-Maçonnerie est antireligieuse ....................... 104
   La Franc-Maçonnerie est une religion .......................... 110
   La Maçonnerie est une immoralité ................................ 117
   La Maçonnerie est antifamiliale ..................................... 124
   La Maçonnerie veut l'école neutre ................................. 127
   Objections ............................................................................. 129

## TROISIÈME PARTIE

Le Nazisme ................................................................................ 135
   Stratégie infernale ............................................................... 137
   Le néo-paganisme ................................................................ 139
   Le Nazisme (Notions générales) ..................................... 143
   L'hitlérisme ........................................................................... 147
   Le nazisme est antireligieux ............................................. 152
   Le nazisme est une religion .............................................. 157
   La pratique néo-païenne .................................................... 159
   Les faits .................................................................................. 163

Conclusion ................................................................................. 169

- the-savoisien.com
- pdfarchive.info
- vivaeuropa.info
- freepdf.info
- aryanalibris.com
- aldebaranvideo.tv
- histoireebook.com
- balderexlibris.com

Librairie Excommuniée Numérique CULUS (CUrieux de Lire des Usuels)

www.ingramcontent.com/pod-product-compliance
Lightning Source LLC
LaVergne TN
LVHW091549060526
838200LV00036B/759